Zur Entwicklung kognitiven Wissens

Europäische Hochschulschriften
Publications Universitaires Européennes
European University Studies

Reihe VI

Psychologie

Série VI   Series VI
Psychologie
Psychology

Bd./Vol. 262

PETER LANG
Frankfurt am Main · Bern · New York · Paris

Traute Vaihinger

Zur Entwicklung kognitiven Wissens

Peter Lang
Frankfurt am Main · Bern · New York · Paris

CIP-Titelaufnahme der Deutschen Bibliothek

Vaihinger, Traute:

Zur Entwicklung kognitiven Wissens / Traute Vaihinger . -
Frankfurt am Main ; Bern ; New York ; Paris : Lang, 1988
  (Europäische Hochschulschriften : Reihe 6, Psychologie ;
  Bd. 262)
  Zugl.: Hamburg, Univ., Diss., 1988
  ISBN 3-631-40621-5

NE: Europäische Hochschulschriften / 06

Gedruckt mit Unterstützung
der Universität Hamburg

D 18
ISSN 0531-7347
ISBN 3-631-40621-5

© Verlag Peter Lang GmbH, Frankfurt am Main 1988
Alle Rechte vorbehalten.

Das Werk einschließlich aller seiner Teile ist urheberrechtlich
geschützt. Jede Verwertung außerhalb der engen Grenzen des
Urheberrechtsgesetzes ist ohne Zustimmung des Verlages
unzulässig und strafbar. Das gilt insbesondere für
Vervielfältigungen, Übersetzungen, Mikroverfilmungen und die
Einspeicherung und Verarbeitung in elektronischen Systemen.

Printed in Germany

Vorwort

Die vorliegende Arbeit entstand mit Unterstützung zahlreicher Personen, denen ich an dieser Stelle danken möchte.

Mein Dank gilt Herrn Professor Dr. Burger Heinze, der die Arbeit betreute.

Bei der Durchführung des empirischen Teils der Arbeit und beim Bewältigen von Detailproblemen waren mir stets Frau Dipl.-Psych. K. Modrow und Herr Dipl.-Psych. H. Leßmann eine Hilfe.

Für die Anregung zur Bearbeitung des Themas möchte ich Herrn Professor Dr. R.H. Kluwe, Universität der Bundeswehr Hamburg, danken.

Außerdem möchte ich Herrn Dipl.-Kfm. M. Bock für seine Diskussions- und Hilfsbereitschaft und Frau R. Nagel für die Übernahme der Schreibarbeiten meinen Dank aussprechen.

Inhaltsverzeichnis

1. Einleitung

2. Kognitives Wissen: Theoretischer Bezugsrahmen
   und Stand der Forschung   2

   2.1   Kategorien kognitiven Wissens   4
   2.1.1 Personenvariablen   4
   2.1.2 Aufgabenvariablen   5
   2.1.3 Strategievariablen   6
   2.2   Kognitives Wissen und exekutive Kontroll-
         und Steuerprozesse   7

3. Entwicklung kognitiven Wissens im Kindesalter:
   Untersuchungen zum Gegenstandsbereich   12

   3.1   Untersuchungen zum Gedächtniswissen bzw.
         Metagedächtnis: Verfügbarkeit und Einsatz
         von Gedächtniswissen bei Aufgabenstellungen   12
   3.2   Weiterführende Fragestellungen und Einbezug
         angrenzender kognitiver Bereiche in Unter-
         suchungen zum kognitiven Wissen von Kindern   16

4. Kritische Stellungnahme und Ableitung der
   Fragestellung   23

5. Methoden   30

   5.1   Ausgangsüberlegungen zur Untersuchungs-
         gestaltung   30
   5.2   Konstruktion des verwendeten Verfahrens   33
   5.2.1 Geschichten-Items   35
   5.2.2 Aufgaben-Items   36
   5.3   Anmerkungen zum Untersuchungsverfahren   37
   5.4   Hypothesen   38

6. Untersuchungsdurchführung 41

   6.1 Voruntersuchungen 41

   6.2 Versuchspersonen 42

   6.3 Untersuchungsablauf 42

   6.4 Fragenschema 44

   6.5 Aufbau des Fragenschemas für die Items 45

   6.5.1 Aufforderung zur Entscheidung für eine der beiden vorgestellten Handlungsalternativen bei den Aufgaben-Items 45

   6.5.2 Unterschiedsfrage 45

   6.5.3 Schwierigkeitsfragen P1-P2-P3 und AP1-AP2-AP3 48

7. Datenerhebung und Datenanalyse 52

8. Ergebnisdarstellung 54

   8.1 Entwicklung der Fähigkeit, unterscheidende situative Merkmale zu erkennen und bei einer Situationsbeurteilung zu berücksichtigen 54

   8.1.1 Übergänge von falscher zu richtiger Antwort auf die Fragen des Schemas 54

   8.1.2 Zusammenhänge mit der Schwierigkeitsbeantwortung 58

   8.2 Entwicklung des Verstehens unterschiedlicher kognitiver Anforderungen gemäß des postulierten Stufenmodells 60

   8.3 Optimales Erkennen und Verstehen kognitiver Anforderungen 69

   8.4 Unmittelbares optimales Erkennen und Verstehen kognitiver Anforderungen gemäß Entwicklungsstufen IV/V gegenüber Erkennen und Verstehen gemäß Entwicklungsstufen IV/V mittels stufenweiser Befragung 76

   8.5 Lerneffekte im Verlauf der Untersuchung 82

   8.5.1 Verbesserungen unter fiktiven Bedingungen 82

   8.5.2 Verbesserungen unter realen Bedingungen 84

8.6	Itemanalyse	87
8.7	Korrespondierende Itembereiche	89
8.8	Zusammenhang zwischen kognitivem Wissen und tatsächlicher Leistung im Bereich Erinnern	90

9. Interpretation und Diskussion der Ergebnisse   93

9.1	Interpretation und Diskussion der Ergebnisse zu Hypothese 1	93
9.2	Interpretation und Diskussion der Ergebnisse zu Hypothese 2	95
9.3	Interpretation und Diskussion der Ergebnisse zu Hypothese 3	96
9.4	Interpretation und Diskussion der Ergebnisse zu den Hypothesen 4 bis 6	97
9.5	Interpretation und Diskussion der Ergebnisse zu Hypothese 7	101
9.6	Interpretation und Diskussion der Ergebnisse zu Hypothese 8	103
9.7	Interpretation und Diskussion weiterer Ergebnisse	105
9.7.1	Lernprozesse im Verlauf der Untersuchung	105
9.7.2	Der Einfluß kognitiven Wissens auf die Aufgabenleistung am Beispiel einer Erinnerungsaufgabe	105

10. Ausblick   108

Literatur   112

Anhang: 117
    I   Items
    II Tabellen

1. Einleitung

Gegenstand der vorliegenden empirischen Untersuchung sind Kontrolle und Steuerung eigenen Denkens im Kindesalter. Im Mittelpunkt des Interesses steht das Wissen bezüglich dieser beiden Denkkomponenten. Die Untersuchung soll Aufschluß darüber geben, inwieweit Kinder Situationen erkennen, die spezielle Anforderungen stellen. Es sind Anforderungen gemeint, denen nur mit Aufmerksamkeit und geistiger Flexibilität im Sinne einer Steuerung der Denkaktivität erfolgreich begegnet werden kann.

Es wird in der Regel davon ausgegangen, daß Kinder Situationen, die komplex sind und erhöhte Ansprüche an geistige Funktionen stellen, erkennen. Dementsprechend wird erwartet, daß sie situationsangemessen vorgehen: z.B. langsam und sorgfältig oder schnell und auf das Wesentliche konzentriert. Im schulischen und auch im Freizeitbereich werden Kinder häufig mit Situationen konfrontiert, die ein überlegtes und geistesgegenwärtiges Vorgehen notwendig machen. Sie können jedoch nur dann adäquat auf eine Situation reagieren, wenn sie das erforderliche Wissen ausgebildet haben. Nur wenn ein Kind Kenntnisse über
a) die Beschaffenheit einer Situation und
b) die daraus resultierenden Folgen für sein Handlungsergebnis besitzt,
kann es Schritte unternehmen, die für ein erfolgreiches Abschneiden unerläßlich sind.

Wir nehmen an, daß Kontrolle und Steuerung eigenen Denkens kognitives Wissen, d.h. spezifisches, deklaratives und prozedurales Wissen voraussetzen (vgl. hierzu KLUWE & SCHIEBLER, 1984; CHI, 1984).

Es soll untersucht werden, ob und wie dieses Wissen bei 4- bis 7jährigen Kindern in unterschiedlichen Problemsituationen zur Anwendung gelangt.

Ergebnisse von Untersuchungen (KLUWE, MODROW & VAIHINGER, 1984; VAIHINGER & KLUWE, 1986) deuteten darauf hin, daß sich deklaratives und prozedurales Wissen im Laufe der Entwicklung allge-

mein ausbilden und eine wesentliche Basis für Steuerung und Anpassung kognitiver Aktivitäten in verschiedenartigsten Situationen darstellen. Es zeigte sich unter anderem, daß kognitives Wissen mit dem Alter umfangreicher wird und ausgeprägter zum Einsatz gelangt, wenn eine konkrete Aufgabenstellung vorliegt.
Es wird daher angenommen, daß Verfügbarkeit, Einsatz und Umfang von kognitivem Wissen vom Kontext abhängen, in welchem das kognitive Wissen untersucht wird.
Bei der vorliegenden Untersuchung wurde ein methodischer Ansatz erarbeitet, der es gestatten sollte, kognitives Wissen unter verschiedenen situativen Bedingungen zu erfassen.
Es wurden eine fiktive und eine reale Bedingung zur Untersuchungsdurchführung geschaffen. In der fiktiven Untersuchungssituation wurde das kognitive Wissen unter Zuhilfenahme von Geschichten und dazugehörigen Fragen erfaßt, in der realen Untersuchungssituation mittels direkter Aufgabenstellungen, die vom Kind unmittelbar bearbeitet werden sollten.

Es sollen zunächst der theoretische Rahmen und die Ausgangsüberlegungen zur Untersuchung dargestellt werden, um dann die Versuchsdurchführung und die Ergebnisse zu schildern.

2. Kognitives Wissen: Theoretischer Bezugsrahmen und Stand der Forschung

Mit zunehmender Betonung einzelner Komponenten des Denkens wie exekutive Prozesse, Selbstregulation, Selbstreflektion etc., grenzte sich von der Entwicklungspsychologie ein eigenständiges Forschungsgebiet ab: die Metakognitionsforschung.
Sie befaßt sich mit der Entwicklung metakognitiver Fähigkeiten, den sich entfaltenden Vorstellungen über Denken und Lernen sowie dem Wissen über Denkabläufe.
Der Bereich der Metakognitionsforschung wurde durch JOHN FLAVELL 1971 im Rahmen eines Symposiums mit dem Titel: "What is Memory

Development the Development of?" nach jahrzehntelanger Vernachlässigung zum Gegenstand des Forschungsinteresses. Er schuf mittels Erstellung eines notwendigen Begriffsinventars und dessen Definierung die Grundlagen für zahlreiche Untersuchungen (z.B. KREUTZER et al., 1975; WELLMAN, 1977, 1978; etc.).

FLAVELL definiert allgemein Metakognition als "Wissen, das jeden Aspekt jeder kognitiven Operation zum Inhalt hat oder regulierend auf ihn einwirkt" (zit. nach J.C. CAMPIONE in: WEINERT & KLUWE (Hrsg.), 1984, S. 111).
In dieser Definition werden gemäß CAMPIONE (1984) zwei unterschiedliche Gegenstandsbereiche angesprochen: zum einen das Wissen über das kognitive System und seine Inhalte, zum anderen die effektive Regulation und Kontrolle dieses Systems. Der erste Aspekt betrifft das Wissen eines Individuums über seine eigenen kognitiven Möglichkeiten. Es handelt sich um das Wissen, welches in der Literatur zumeist als metakognitives Wissen (FLAVELL, 1971) bezeichnet wird, da es verbalisierbares Wissen und Bewußtheit bezüglich allgemeiner Aspekte menschlichen Denkens darstellt. Wir wollen uns im folgenden nach wie vor auf kognitives Wissen beziehen, da es das Wissen um Denkabläufe und diese Denkabläufe beeinflussende Faktoren sowie deren Auswirkungen auf die geistige Tätigkeit in gleichem Maße umfassen kann.

Nach FLAVELL (1984) kann man davon ausgehen, daß jedes Individuum irgendwelche Annahmen bezüglich der Organisation und Beschaffenheit menschlichen Denkens und Lernens entwickelt. Jeder erwirbt im Laufe der Entwicklung, mithin schon in der Kindheit, ein universelles Wissen über geistige Tätigkeit und die Faktoren, die diese Tätigkeit beeinflussen können. Hierunter wäre z.B. Wissen über Faktoren zu subsumieren, die die eigene Person, aber auch Merkmale und Zustände von Situationen betreffen könnten. So setzt z.B. ein Kind, das eine Geräuschquelle abstellt, um sich etwas einzuprägen oder sich Notizen macht, solches Wissen ein. Generell muß ein Kind vieles lernen, um in seinem Alltag Aufgaben und Probleme erfolgreich bewältigen zu können. Es muß Wissen darüber erwerben, welche Situationen welchen Grad von

Anstrengung abverlangen und welche Variablen auf welche Weise
zusammenspielen und so die Qualität einer Verhaltens- bzw.
Reaktionsweise in einer Problemsituation bestimmen.

Es gibt dabei drei Kategorien von Variablen, die zum Teil sehr
breit gefächert sind und sich überschneiden können: Wissen über
Personenvariablen, Wissen über Aufgabenvariablen und Wissen
über Strategievariablen (vgl. FLAVELL, 1984).

2.1 Kategorien kognitiven Wissens

2.1.1 Personenvariablen

Wissen über Personenvariablen betrifft das Wissen einer Person
über ihre kognitiven Möglichkeiten. Eine Person muß im Laufe
ihrer Entwicklung viel über sich, d.h. ihre geistigen Eigenschaften und Zustände, die einen Einfluß auf ihr Verhalten und
Reagieren haben können, lernen.
Es handelt sich dabei um Eigenschaften und Zustände intellektueller, affektiver, motivierender, wahrnehmender, etc. Natur,
von denen es abhängt, ob eine Situation oder Aufgabe erfolgreich bewältigt wird oder nicht. Folglich geht es um Wissen
oder Annahmen hinsichtlich der eigenen Interessen, Neigungen,
Fähigkeiten etc. Wer z.B. Erfahrungen mit Gedächtnisaufgaben
gemacht hat, weiß, daß seine Gedächtnisspanne begrenzt ist,
und berücksichtigt das in seinem weiteren Verhalten.

Aus entwicklungspsychologischer Sicht ist hierbei von Belang,
daß ein Kind eine differenzierte Sichtweise von sich selbst
als selbstbestimmtes denkendes Wesen bekommt. Ein Wesen, das,
abhängig von seinem jeweiligen situativen Verhalten, seinen
Erfolg in einer (Problem-)Situation und damit seine Weiterentwicklung selbst gestalten kann. Das Kind kann allmählich erkennen, daß es durch seine eigene geistige Aktivität und sein
Interesse selbständig Dinge entdecken und begreifen kann; von

geeigneten Entwicklungsbedingungen einmal ausgegangen. Weiterhin kann ein Kind lernen, daß es eine bestimmte Art von Information besser aufnehmen, behalten oder verarbeiten kann als andere. Es kann erkennen, daß bestimmte situative Merkmale oder Bedingungen ihm eine erfolgreiche Aufgabenbewältigung garantieren können, wohingegen andere Merkmale oder Bedingungen negative Auswirkungen auf sein Ergebnis haben können. Ein Kind muß ebenfalls Wissen darüber erwerben, welche Fähigkeiten, Einschränkungen und Besonderheiten einem denkenden Wesen innewohnen und sein Verhalten wie auch die Handlungsergebnisse dirigieren können.

Das Kind muß folglich
(a) generell Wissen über sich selbst und andere als denkende Wesen, sowie
(b) speziell Wissen darüber, welche persönlichen Einschränkungen und Besonderheiten sein Verhalten beeinflussen können, erwerben.

2.1.2 Aufgabenvariablen

Eine weitere Kategorie betrifft Wissen über die Aufgabenanforderungen, die mit einer geistigen Tätigkeit einhergehen und diese beeinflussen.
Das Kind kann allmählich lernen, daß der Umfang und bestimmte Vorgaben und Anordnungen des Aufgabenmaterials einen Einfluß auf die Aufgabenbewältigung und die Qualität seiner Tätigkeitsausführung haben.
Große Informationsmengen müssen langsamer als kleine, und unbekannte Information muß sorgfältiger als vertraute bearbeitet werden; Wiedererkennen bei Gedächtnisaufgaben ist einfacher als Reproduzieren und gut organisierte Itemlisten sind besser zu erinnern als nicht organisierte. Das heißt, verschiedene Aufgabenanforderungen verlangen unterschiedliche Auseinandersetzungen und Aufmerksamkeitsverteilungen. Das Individuum entwickelt im Laufe der Zeit Annahmen über die Anforderungen einer Aufgabe an die eigenen geistigen Möglichkeiten und stellt seine geistige Aktivität darauf ein.

2.1.3 Strategievariablen

Wir erwerben darüber hinaus Wissen darüber, wie wir auf einen situativen Zustand reagieren bzw. einwirken können, um die damit verbundenen kognitiven Anforderungen zu bewältigen und zu einem Ziel zu kommen. Dazu eignen wir uns kognitive Strategien an. So wissen wir z.B., was zu tun ist, um sich eine Telefonnummer zu merken oder um die Summe einer Zahlenliste zu erhalten und diese auch nochmals zu überprüfen.

Es bleibt anzumerken, daß Personen-, Aufgaben- und Strategievariablen nie isoliert auftreten. Sie interagieren bei jeder kognitiven Tätigkeit. Auch über diese Interaktionen eignen wir uns Annahmen an. Das heißt, wir stellen Überlegungen an, welche Strategie bei welchem Problemtyp am geeignetsten für uns ist. Dabei berücksichtigen wir auch die Arbeitsbedingungen, die wir bei einer Aufgabenbewältigung antreffen.
Im Laufe unserer Entwicklung werden wir mit vielen Situationen konfrontiert, die wir als unterstützend oder als hinderlich für die erfolgreiche Aufgabenbewältigung erleben. Wir lernen dadurch, zwischen Situationen, die begünstigenden oder hinderlichen Einfluß auf einen Handlungsprozeß haben, zu differenzieren. Die berichteten Variablenkategorien spielen eine wichtige Rolle für die Entwicklung und Differenzierung kognitiver Fähigkeiten. Eine Person, die bewußte, explizite Vorstellungen von der abgelaufenen, aktuellen sowie zukünftigen kognitiven Aktivität und den sie beeinflussenden Variablen hat, kann leichter Fortschritte bezüglich der Bewältigung kognitiver Anforderungen und Probleme machen als eine Person, die diese Vorstellungen nicht hat.
Wenn wir davon ausgehen, daß ein Kind während seiner kognitiven Entwicklung keine schwerwiegenden Einschränkungen erfahren mußte, vielmehr alle Möglichkeiten für einen positiven Entwicklungsverlauf gegeben waren, dann können wir annehmen, daß es schließlich einen Entwicklungsstand erreicht, der Wissen umfaßt über die drei Variablenkategorien und die Art und Weise ihres

Zusammenspiels hinsichtlich seiner Handlungsweisen und -ergebnisse. Es mag z.B. wissen, daß eigene Fähigkeiten, Anstrengungen und Konzentration, Aufgabenkomplexität, Art der Aufgabenlösung und die Situation, in welcher die Aufgabe bewältigt werden soll, das Endergebnis bestimmen und ausschlaggebend für Erfolg oder Mißerfolg sind.

2.2 Kognitives Wissen und exekutive Kontroll- und Steuerprozesse

Der zweite im Begriff Metakognition (vgl. S.3) enthaltene Aspekt betrifft laut CAMPIONE (1984) Regulationsmechanismen des Individuums, die bei Lerntätigkeit und Problemlöseversuchen wirksam werden. Es handelt sich dabei um Tätigkeiten wie Prüfen, Planen, Auswählen, Überwachen etc., die sich exekutiven Prozessen zuordnen lassen.
Exekutive Prozesse lassen sich untergliedern in Kontroll- und Steuerprozesse (KLUWE, 1984).
Exekutive Kontrollprozesse haben die Kontrolle der geistigen Bemühungen zum Ziel. Sie führen zu Informationen über den Stand der gegenwärtigen kognitiven Aktivitäten. Dadurch wird der Einsatz kognitiver Strategien (nach FLAVELL (1979) auch metakognitive Strategien) ermöglicht. Diese Strategien kontrollieren die Wirksamkeit und damit den Fortschritt geistiger Bemühungen.

Exekutive Steuerprozesse beziehen sich auf Entscheidungen über die Organisation, den Aufwand, die Menge und den Verlauf der Verarbeitung von Informationen (vgl. KLUWE & SCHIEBLER, 1984).

Unsere Annahmen zur Denksteuerung basieren auf der Unterscheidung der beiden Komponenten kognitives Wissen und exekutive Kontroll- und Steuerprozesse.
KLUWE & FRIEDRICHSEN (1985) haben dargelegt, daß sich Kontrolle und Steuerung eigenen Denkens auf spezifisches kognitives Wissen stützen. Es handelt sich dabei um deklaratives und prozedurales Wissen, das im Laufe der Denkentwicklung erworben werden muß.

Deklaratives Wissen meint Faktenwissen. Z.B. das Wissen über Menschen, Tiere, Autos, Gedächtnis etc. Deklaratives Wissen kann durch ein semantisches Netzwerk repräsentiert werden.
Prozedurales Wissen bezieht sich auf Kenntnisse darüber, wie man etwas tut. Z.B. wie man Auto fährt, eine Algebraaufgabe löst oder sich Vokabeln einprägt. Prozedurales Wissen umfaßt exekutive Prozesse, die direkt an der Lösung eines Problems beteiligt sind. Es handelt sich dann um die von FLAVELL (1984) beschriebenen kognitiven Strategien. Es umfaßt aber auch exekutive Prozesse, die den Verlauf und die Organisation solcher "Lösungsprozesse" kontrollieren und steuern: die von FLAVELL (1984) differenzierten metakognitiven Strategien.
Steuervorgänge lassen sich unter Bezugnahme auf die beiden Komponenten kognitives Wissen und exekutive Prozesse als Teil prozeduralen Wissens in Form von Produktionsregeln darstellen. Diese Produktionsregeln können selbst wieder Bedingungs-Aktions-Verknüpfungen sein (vgl. CHI, 1984). Wenn z.B. Vokabeln gelernt werden müssen, kann die Produktionsregel PR dazu lauten: WENN Ziel "einprägen" und eine Reihe von Wörtern gegeben, DANN wiederhole und notiere die Reihe von Wörtern mehrere Male. Diese Produktionsregel kann selbst wieder in einer übergeordneten Bedingungs-Aktions-Verknüpfung vertreten sein: WENN PR angewandt wird, DANN lerne kürzere Zeit.
In der Bedingungskomponente einer Produktionsregel werden Merkmale oder Zustände dargelegt, die mit dem Inhalt des Arbeitsgedächtnisses oder mit den zur Zeit aktivierten Ausschnitten des semantischen Netzwerks übereinstimmen müssen (CHI, 1984). D.h., die Bedingungskomponente umfaßt Fakten, Aufgaben und situative Gegebenheiten, mit denen das Individuum momentan konfrontiert ist und über die es Bescheid wissen muß, um mit ihnen umgehen zu können. Die Bedingungskomponente einer Produktionsregel hat, so betrachtet, als Argument die Struktur deklarativen Wissens. Die Aktionskomponente konstituiert Prozeduren, die auf das Umfeld einwirken oder das semantische Netzwerk ergänzen oder umstrukturieren (vgl. CHI, 1984).

Denksteuerung setzt folgende Leistungen voraus:
(1) "Wissen darüber, daß die zu einem bestimmten Zeitpunkt vorliegenden Zustände und Merkmale von Sachverhalten für Organisation und Verlauf der eigenen kognitiven Bemühungen kritisch und bedeutsam sind.
(2) Gewahrwerden solcher Zustände und Merkmale im Verlauf der eigenen kognitiven Auseinandersetzung"(vgl. VAIHINGER & KLUWE, 1986, S. 3).
(3) Aktivierung von Kontroll- und Steuerprozessen, die für die Organisation und den Verlauf des eigenen Denkens bestimmt sind.

Situationen, welche erhöhte geistige Anstrengungen (z.B. erhöhte Konzentration, größere Erinnerungskapazität) erfordern, müssen erkannt und von anderen unterschieden werden, um angemessen darauf reagieren zu können. Es müssen die Erfordernisse zur Umstellung eigenen Denkens mittels Steuerprozessen konstatiert werden. Dazu wird kognitives Wissen benötigt, denn es muß erkannt werden,
a) daß spezifische Zustände einer Problemsituation vorliegen und
b) wie diese Zustände die kognitiven Bemühungen beeinflussen können und ihnen zu begegnen ist.
"Wenn ein Zustand oder eine Bedingung X im Verlauf einer kognitiven Aktivität als kritisch für das eigene Vorgehen erkannt wird, dann kann eine entsprechende Steuerung Y des eigenen Denkens erfolgen" (vgl. VAIHINGER & KLUWE, 1986, S.4). Von Bedeutung hierbei ist, daß das Erkennen solcher Bedingungen entsprechendes kognitives Wissen voraussetzt (vgl. Abbildung 1).

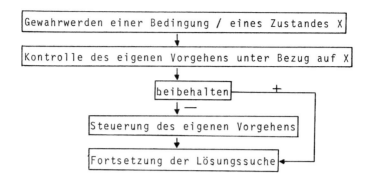

Abb. 1: Komponenten exekutiver Aktivität (vgl. KLUWE & FRIEDRICHSEN, 1985)

Das kognitive Wissen bildet somit eine maßgebliche Basis für die Regulation und die Anpassung kognitiver Aktivitäten unter Beachtung der jeweils vorliegenden Bedingungen und deren Veränderungen (vgl. VAIHINGER & KLUWE, 1986). Es bietet auch die Möglichkeit, über eigene geistige Tätigkeiten zu kommunizieren, und erleichtert vermutlich die Identifikation eigener geistiger Abläufe (vgl. KLUWE & SCHIEBLER, 1984).

Legen wir zur Darstellung von Vorgängen exekutiver Kontrolle und Steuerung die Notation von Produktionsregeln zugrunde (s. S. 8), und betrachten wir die Struktur deklarativen Wissens als Argument der Bedingungskomponente einer Produktionsregel, so lassen sich zum Erkennen und Verstehen von Situationen mit erhöhten geistigen Anforderungen zwei Wissensformen für die Wenn-Komponente formulieren:

(1) Wissen darüber, daß sich Situationen dahingehend voneinander unterscheiden können, daß in einer Situation ein Zustand vorliegt, der eine besondere Reaktion oder geistige Anstrengung involvierter Personen verlangt;

(2) Wissen darüber, wie solche Situationen einzuordnen sind, d.h. wie das geschilderte oder beobachtete Verhalten von Personen in solchen Situationen zu bewerten ist, welche Konsequenzen es nach sich ziehen kann.

Erst wenn diese beiden Wissensformen vorliegen, kann weiteres Wissen, nämlich solches, das für die Aktionskomponente benötigt wird, rekrutiert werden. Es handelt sich um Wissen, wie den schwierigeren Bedingungen zu begegnen ist: Wissen über exekutive Kontroll- und Steuerschritte.
Exekutive Vorgänge tragen sowohl zu entwicklungsbedingten Unterschieden als auch zu intra- und interindividuellen Unterschieden im Denken bei. Es ist anzunehmen, daß sie Voraussetzung dafür sind,
- variierenden situativen Anforderungen begegnen zu können,
- das Repertoire kognitiver Prozeduren adäquat anzuwenden,
- autonome, nicht-automatisierte Denkprozesse effizient zu organisieren und auszuführen (vgl. KLUWE & SCHIEBLER,1984).

Eine Untersuchung von KLUWE & SCHIEBLER (1984) bietet Anhaltspunkte dafür, daß exekutive Prozesse dann erfolgreich ablaufen können, wenn genügend kognitives Wissen vorliegt, um die Wenn-Dann-Komponenten einer Produktionsregel in ausreichendem Maße abdecken zu können. Die Ausbildung kognitiven Wissens und die Verknüpfung mit der Aktionskomponente unterliegen vermutlich einer Altersentwicklung (vgl. VAIHINGER & KLUWE, 1986).
Zur Klärung von Fragen wie:
a) In welchem Ausmaß ist kognitives Wissen bei Kindern der Altersstufen 4 bis 7 Jahre vorhanden?
b) Wie aufgabenspezifisch liegt kognitives Wissen vor?
c) Wie entwickelt es sich mit dem Alter?
wurden seit der Interviewstudie von KREUTZER et al. (1975) mehrere Untersuchungen durchgeführt.

Das folgende Kapitel bietet einen Überblick über Untersuchungen zum kognitiven Wissen von Kindern. Wir beziehen die Beschreibung entwicklungspsychologischer Methoden und Befunde mit ein, um zu unserer Fragestellung und unseren Hypothesen hinzuführen und diese zu untermauern.

3. Entwicklung kognitiven Wissens im Kindesalter: Untersuchungen zum Gegenstandsbereich

Kinder der Altersstufen 3 bis 11 Jahre wurden hinsichtlich ihres kognitiven Wissens untersucht. Die Untersuchungen lassen sich untergliedern in Untersuchungen zum Wissen über Gedächtnis und in Untersuchungen zum Wissen über angrenzende Bereiche wie Wahrnehmung, Kommunikation und Schwierigkeitsfaktoren. In den beiden folgenden Abschnitten wird über die genannten Untersuchungen berichtet.

3.1 Untersuchungen zum Gedächtniswissen bzw. Metagedächtnis: Verfügbarkeit und Einsatz von Gedächtniswissen bei Aufgabenstellungen

Auf dem Gebiet der Metakognitionsforschung wurden vor allem das Gedächtnis von Kindern, ihre Gedächtnisleistungen und darauf aufbauend ihr Wissen über ihre Gedächtnisleistungen untersucht. Den Grundstock zu dieser Forschungsrichtung legte die Interviewstudie von KREUTZER et al. (1975). Sie befaßte sich mit dem Wissen von Kindern im Alter von 6 bis 11 Jahren über ihr Gedächtnis und gedächtnisbeeinflussende Faktoren. Gedächtnis wird in dieser Studie nicht nur im Sinne von "Erinnern" behandelt, sondern darüber hinaus auch im Sinne von "Lernen", "Merken", "Behalten". Den Kindern wurden u.a. Fragen gestellt, die erfassen sollten,
a) inwieweit sie darüber Bedscheid wissen, wie sie abgespeicherte Informationen erinnern und zurückrufen, und
b) wie sie vorgehen, um Information so abzuspeichern, daß sie leicht erinnerbar ist.

Es wurden weitere Studien durchgeführt, die auf der Erkenntnis aufbauten, daß die Schwierigkeit, eine Information abzuspeichern bzw. wieder abzurufen, abhängig ist von der Art des Einprägens und den Umständen, unter denen ein Einprägen vorgenommen wird. Die Studien bezogen gedächtnisrelevante Variablen und stimulirelevante Charakteristika einer Aufgaben- oder Problemsituation in die Untersuchung mit ein. Damit entsprechen sie z.T. einer

Forderung von PARIS & LINDAUER (1977): "Gedächtnis schließt viele kognitive Prozesse mit ein und kann weder als eine isolierte geistige Instanz noch als passiver Erfahrungsspeicher betrachtet werden. Folglich muß eine Analyse des kindlichen Gedächtnisses in die Untersuchung von Wahrnehmung, Verstehen und Problemlösen eingebettet werden" (PARIS & LINDAUER in: KAIL & HAGEN (Eds), 1977, S.35; Übersetzung von der Verfasserin).
Es sollte geprüft werden, ob Kinder gedächtnisrelevante Variablen und stimulirelevante Charakteristika kennen und in Problemsituationen auch erkennen und berücksichtigen. Es zeigte sich in diesen Studien, daß Kinder verhältnismäßig viel wissen über ihr Gedächtnis und dessen Funktionieren sowie über Aufmerksamkeit und Kommunikation. Sie wissen einiges über Aufmerksamkeitsprozesse und darüber, wie das Behalten und Erinnern erleichtert werden kann. Sie kennen Gedächtnisstrategien, können sie jedoch nicht zwangsläufig auch einsetzen, selbst wenn die Bedingungen es erforderlich machten (s. hierzu auch CHI, 1983). ANN BROWN interessierte sich als eine der ersten dafür, ob dieses Wissen über Gedächtnis und dessen Funktionieren, gemeinhin als Metagedächtnis bezeichnet (FLAVELL, 1971), einen Einfluß auf die Gedächtnisleistung haben könnte; z.B. im Sinne von Voraussetzung und/oder hilfreicher Faktor.
Zur Untersuchung dieser Fragestellung konzipierte man experimentelle Designs, die es ermöglichten, das Wissen der Kinder über Gedächtnisvariablen wie z.B. Einpräge- und Wiederholungsstrategien zu erfassen. Dieses Gedächtniswissen wurde in Beziehung gesetzt mit der tatsächlichen Gedächtnisleistung der Kinder. Zum Beispiel ob, und falls ja, wie ein Strategieeinsatz erfolgte (HUTTENLOCHER & BURKE, 1976; KELLY, SCHOLNICK, TRAVERS & JOHNSON, 1976; NAUS & ORNSTEIN, 1983; SALATAS & FLAVELL, 1976; WELLMAN, 1977c).
Es ergaben sich dabei meist unbedeutende Zusammenhänge. Dafür könnten folgende Gründe verantwortlich sein:
a) Bei jüngeren Kindern könnten z.T. die benötigten Strategien noch nicht oder erst unvollständig ausgebildet sein (vgl. FLAVELL, 1978).

b) Kinder kennen oftmals die Voraussetzungen und Bedingungen noch nicht, die vorliegen müssen, um eine bestimmte Strategie einzusetzen bzw. deren Einsatz zu rechtfertigen. So können sie zwar eine Strategie identifizieren, z.T. auch anwenden, wenn sie direkt dazu angeleitet werden, setzen diese jedoch nicht selbständig ein (vgl.hierzu BJÖRKLUND et al.,1977; LIBERTY & ORNSTEIN, 1973; PELLEGRINO & SCHADLER, 1979).

c) Die Korrelation zwischen speziell Wissen über Strategiegebrauch und Wiedergabeleistung mag durch das Überlernen und die Automatisierung von Strategien in der späteren Entwicklung abgeschwächt sein (vgl. hierzu LANGE, 1973; 1978).

d) In vielen Untersuchungen zu Metagedächtnis-Gedächtnis Zusammenhängen liegen methodologische Unzulänglichkeiten vor.

CAVANAUGH & BORKOWSKI (1980), CAVANAUGH & PERLMUTTER (1982) sowie FLAVELL (1978) nennen bezüglich Punkt d) folgende Unzulänglichkeiten:

(1) In vielen Untersuchungen werden die Versuchspersonen hinsichtlich einiger Aspekte von Gedächtniswissen beurteilt, die, wie es häufig scheint, willkürlich ausgewählt wurden. Sie führen dann eine damit in Beziehung stehende Aufgabe aus. Die erbrachte Gedächtnisleistung und die Maße für Metagedächtnis werden miteinander korreliert. Das allgemeine Wissen über Gedächtnisprozesse ist jedoch nicht an eine einzige experimentelle Aufgabe gebunden. Es beinhaltet im Gegenteil viele Aspekte von Gedächtniswissen, die allesamt Hinweise dafür liefern, wann und wo man z.B. strategiegeleitet vorgehen muß.

(2) Viele früheren Studien weisen Mängel in folgenden Punkten auf:
a) Sie erhoben nur einen Index für Metagedächtnis, wobei es sich meistens um Verbalprotokolle handelt, die eine der schwächsten Methoden zur Einschätzung des Gedächtniswissens darstellen;
b) sie gaben eine einzige Gedächtnisaufgabe und lediglich

einige Metagedächtnisfragen vor, die auf recht abstruse
Weise mit der Aufgabe in Zusammenhang standen (z.B.
SALATAS & FLAVELL, 1976);
c) sie legten Strategien, die miteinander verglichen werden
sollten, den Kindern nicht zusammen, sondern einzeln zur
Beurteilung vor (LEVIN, YUSSEN, DEROSE & PRESSLEY, 1977).

Dagegen wurden in den vergangenen zwei bis drei Jahren einige
Untersuchungen konzipiert, die auf vielfältigere Art und Weise
Maße für Metagedächtnis, Gedächtnisverhalten und -leistung sowie
Transferleistung in Beziehung zueinander setzten (KURTZ, REID,
BORKOWSKI & CAVANAUGH, 1982; SCHNEIDER, 1985).

(3) Die Einbeziehung von nur wenigen Befragungspunkten in Interviews zum allgemeinen Metagedächtnis stellt eine weitverbreitete Unzulänglichkeit dar. Es wird erwartet, daß durch die jeweiligen Fragen zum Gedächtniswissen genau der Aspekt des Metagedächtnisses eingeschätzt wird, der zur Bewältigung der Experimentalaufgabe benötigt wird.

Es ist bei der Untersuchung des Metagedächtnisses nicht unproblematisch, genau jene Aspekte zu erfassen, die für das direkt zu bearbeitende Gedächtnisproblem relevant sind. Gerade wenn nur ein einziges Problem vorgegeben wird, ist die Wahrscheinlichkeit für eine angemessene Wahl, d.h. Vorgabe eines korrespondierenden Problems, verringert. Metagedächtnis-Gedächtnis-Verbindungen sind sehr komplex und beziehen eine Vielfalt von Wissensaspekten über Gedächtnis mit ein. Daher mag allgemeines Wissen ein wichtiger Faktor für das Verstehen der Beziehung zwischen Metagedächtnis und Gedächtnis sein (vgl. FLAVELL & WELLMAN, 1977).

Außer den genannten Punkten zu methodologischen Unzulänglichkeiten muß jedoch noch aufgeführt werden, daß auch versuchspersonenabhängige Faktoren eine Rolle spielen können bei der mangelhaften Beziehung zwischen Gedächtniswissen (bzw. Metagedächtnis) und Gedächtnisleistung (vgl. hierzu FLAVELL & WELLMAN,1977; WELLMAN, 1983). So mag z.B. eine Versuchsperson zwar eine erleichternde Erinnerungsstrategie kennen, jedoch die auszuführen-

de Aufgabe als derart einfach empfinden, daß sie keine Notwendigkeit für einen Strategieeinsatz sieht. Sie mag es für ausreichend erachten, sich mehr anzustrengen. Oder: sie betrachtet die Strategieanwendung als zeitaufreibender als oder zeitgleich wie ein Vorgehen ohne Strategieeinsatz (z.B. Gruppieren von zu erinnerndem Material bei relativ kleiner Stimulusmenge).
In einer Reihe von Untersuchungen der achtziger Jahre gelang es, Mängel der genannten Art auszuschalten (z.B. CAVANAUGH & BORKOWSKI, 1980; KURTZ, BORKOWSKI & CAVANAUGH, 1982; SCHNEIDER, 1985; WELLMAN, COLLINS & GLIEBERMAN, 1981).
So konnten CAVANAUGH & BORKOWSKI (1980) zeigen, daß Kinder, die umfangreiches Gedächtniswissen besaßen, nach einem Strategietraining ihr Verhalten eher an den Anforderungen orientierten als Kinder, die zwar ebenfalls ein Training erhielten, aber geringere Werte für Gedächtniswissen erreichten.
SCHNEIDER (1985) konnte nachweisen, daß verbalisierbares Gedächtniswissen bedeutsam ist für strategisches Verhalten und Leistung bei Gedächtnisaufgaben.
Es gilt jedoch für viele Untersuchungen nach wie vor, daß das Alter ein besserer Prädiktor für die zu erwartenden Gedächtnisleistungen ist als Metagedächtnismaße. Generell nehmen mit dem Alter die Beurteilungsfähigkeit eigener Kompetenz und die richtige Einschätzung spezifischer Situationen zu (CAVANAUGH & BORKOWSKI, 1980; MYERS & PARIS, 1978; WELLMAN, 1977).

3.2 Weiterführende Fragestellungen und Einbezug angrenzender kognitiver Bereiche in Untersuchungen zum kognitiven Wissen von Kindern

Untersuchungen zum Gedächtniswissen kamen übereinstimmend zu dem Ergebnis, daß Kinder großes Wissen über Gedächtnis, dessen Funktionieren und Gedächtnisleistung besitzen, dieses Wissen jedoch häufig nicht spontan anwenden (SALATAS & FLAVELL, 1976; APPEL et al., 1972).
Es wurde angenommen, daß bei Kindern ein Wissensdefizit hin-

sichtlich der Bedingungen und Voraussetzungen, unter denen planvoll und strategisch vorgegangen werden muß, vorliegt. Für die Forschung wurde daraus abgeleitet, daß Kinder in jungen Jahren das Wissen, wann man eine überlegtere, planvollere Vorgehensweise anwenden muß, noch nicht besitzen. Wobei es nicht davon abhängig zu sein scheint, ob das Wissen über planvolleres Vorgehen ausgebildet ist oder nicht, oder nur in unzureichender Form. Für Untersuchungen war daher nicht mehr so sehr der prozedurale Aspekt des kognitiven Wissens, wie man eine Strategie ausführt, interessant, sondern mehr der unterscheidende Aspekt des Verstehens der Bedingungen, unter denen eine aufgabenrelevante Strategie angebracht ist.
Untersuchungen hierzu betrafen das kognitive Wissen von Kindern und dessen Verfügbarkeit und Umsetzung unter Vorgabe von Bedingungen, die den Einsatz bzw. das Wissen um den Einsatz eines geplanten, überlegten Vorgehens erforderlich machten. Die Untersuchungen (MILLER & BIGI, 1977, 1979; MILLER & ZALENSKI, 1982; WELLMAN, 1977, 1978; YUSSEN & BIRD, 1979) waren so gestaltet, daß die Kinder die Bedingungen, die das sorgfältige, planvolle Vorgehen voraussetzten, erkennen und benennen mußten.
Nachfolgend sollen die Untersuchungen von MILLER & BIGI, SPEER & FLAVELL, WELLMAN und YUSSEN & BIRD näher betrachtet werden, um Einblicke in die Untersuchungsmethoden zu erhalten. Die Befunde sollen im Anschluß kurz dargestellt werden.

MILLER & BIGI (1977) befaßten sich damit, inwieweit Kinder Stimulusfaktoren einer Aufgabe als Kriterien für deren Schwierigkeitsgrad erkennen.
SPEER & FLAVELL (1979) untersuchten das Wissen von Kindern hinsichtlich des Schwierigkeitsgrades von Aufgaben zum "Wiedererkennen" gegenüber Aufgaben zum "Erinnern".
WELLMAN (1977, 1978) befaßte sich eingehender mit dem kindlichen Wissen über gedächtnisrelevante Variablen und deren Zusammenspiel im alltäglichen Gebrauch.
YUSSEN & BIRD (1979) beschäftigten sich mit der Entwicklung kognitiven Wissens hinsichtlich Gedächtnis, Kommunikation und Auf-

merksamkeit bei Vorschulkindern.
Allen 5 Untersuchungen ist gemeinsam, daß sie den Kindern verbal Situationen zur Beurteilung des Schwierigkeitsgrades hinsichtlich kognitiver Aktivitäten vorgeben. Sie sind mit Ausnahme der Untersuchung von SPEER & FLAVELL (1979) den 'pictorial techniques' zuzuordnen. Das heißt,das kognitive Wissen wird mit Unterstützung von Bildmaterial erhoben. Alle Untersuchungen gehen von der Überlegung aus, daß Personen häufig damit konfrontiert werden, die Schwierigkeit eines Problems oder einer Aufgabe einschätzen zu müssen, um entscheiden zu können, welche Anstrengung aufgebracht werden muß und welche Strategie gewählt werden soll.
Es ist ein bedeutender Teil der kognitiven Entwicklung, etwas über das Wesen von Aufgaben, Spielen und Strategien zu lernen (MILLER & BIGI, 1977). Vorstellungen über den Einfluß von Stimuli auf die Leistung sind Teil des allgemeinen kindlichen Verständnisses vom menschlichen informationsverarbeitenden System.
MILLER & BIGI (1977) untersuchten entwicklungsbedingte Veränderungen im Verständnis dafür, wie Stimulusvariablen die Aufgabenschwierigkeit bestimmen. Eine Stichprobe von N=80 6-, 8- und 10jährigen Kindern sollte a) eine Auswahl von Stimuli treffen, die eine Aufgabe/ein Spiel "einfach" oder "schwierig" machen würde; b) aus zusammengestellten Spielen das einfachere oder schwierigere auswählen. Die Kinder wurden bei a) jedesmal gefragt, was sie getan hätten, um das Spiel leicht oder schwer zu machen und um eine Begründung gebeten. Bei b) sollten die Kinder ihre Begründung zur Wahl abgeben.
SPEER & FLAVELL (1979) interessierten sich dafür, ob 5- bis 7jährige Kinder (N=32) einen Unterschied im Schwierigkeitsgrad bei Aufgaben zum "Wiedererkennen" und "Erinnern" wahrnehmen. Jedem Kind wurden zwei Geschichten über ein Zwillingspaar, das eine identische Gedächtnisaufgabe ausführen sollte, vorgegeben. Jede Geschichte beschrieb die Aufgabensituation und gab eine einleuchtende Erklärung dafür, weshalb ein Zwilling wiedererkennen und der andere erinnern sollte. Nach der Geschichte wurden Fragen gemäß einer standardisierten Vorgehensweise gestellt:

Schritt 1: "Welcher Zwilling erinnerte die meisten Sachen? Oder erinnerten sie beide gleichviel?" (Falls die Kinder es wollten, oder zögerten, wurden die Aufgaben und Fragen wiederholt.)

Schritt 2: "Warum?"(Bei unklarer oder unvollständiger Antwort wurde nachgefragt "Wie hat das geholfen?".)

Schritt 3: Falls als Antwort bei Schritt 1 der Name eines Zwillings gegeben wurde, wurde gefragt: "Bist Du sicher,es war nicht (Name des anderen Zwillings)?". Falls die Antwort auf 1 "gleich" war, wurde gefragt: "Bist Du sicher, daß keiner der Zwillinge mehr erinnerte?". Wurde doch der andere Zwilling genannt, kehrten die Autoren zu Schritt 2 zurück, um die Befragung bis Schritt 3 erneut vorzugeben.

WELLMAN (1977) gab N=52 3-, 4- und 5jährigen Kindern Aufgaben in Form von Bildgeschichten zum Gedächtniswissen vor. Sie beschrieben einen Jungen, der eine Gedächtnisaufgabe in zwei unterschiedlichen Situationen ausführen sollte. Es wurden folgende schwierigkeitsbeeinflussende Variablen berücksichtigt: (1) Itemmenge, (2) Lärm, (3) Alter, (4) Hilfestellung, (5) Zeit, (6) Notizen machen, (7) Hinweisreize (Eselsbrücken) und (8) irrelevante Variablen (z.B. Körperfülle, Haarfarbe, Kleidung). Jede Bildgeschichte wurde kurz beschrieben und der Unterschied zwischen beiden Situationen wurde hervorgehoben. Das Kind sollte anschließend die Bilder gemäß des Schwierigkeitsgrades der Gedächtnisaufgabe ordnen. Es wurde gebeten, seine Einschätzung zu begründen: "Warum ist das schwieriger?" oder "Warum ist das gleich?". Schließlich wurde es gebeten, den entscheidenden Unterschied aufzuzeigen: z.B. "Welcher Junge hatte mehr Zeit zum Lesen, welcher weniger?"
In einer Weiterführung dieser Untersuchung beschäftigte sich WELLMAN (1978) mit der wechselseitigen Beeinflussung gedächtnisrelevanter Variablen. Es interessierte ihn, wie Kinder Information über eine Anzahl verschiedener Gedächtnisvariablen zu einer umfassenderen Auffassung von Gedächtnisaufgaben und -prozessen zusammenfügen. Vier Aspekte (Itemmenge, Erinnerungshilfe, Be-

arbeitungszeit, Behaltensintervall) wurden in mehreren Gedächtnisaufgaben kombiniert vorgegeben. Es lagen folgende Zustände vor:
(1) schwierige Aufgabe und schwierige Anforderung ;
(2) schwierige Aufgabe und leichte Anforderung (oder umgekehrt);
(3) leichte Aufgabe und leichte Anforderung.
(3) ist einfacher als (2) und (2) einfacher als (1).
Die Probleme, die zum Gedächtniswissen vorgegeben wurden, erforderten die Beurteilung der Gedächtnisrelevanz oder Gedächtnisirrelevanz ausgewählter Variablen und der wechselseitigen Beeinflussung zweier gedächtnisrelevanter Variablen.
N=40 5- und 10jährigen Kindern wurde in horizontaler Anordnung ein 3-Karten-Set vorgelegt. Die Situationen wurden erklärt und die Karten sollten dem Schwierigkeitsgrad nach geordnet werden. Bei gleichem Schwierigkeitsgrad sollten sie aufeinandergelegt werden. Die Instruktion lautete:
"Nun lege die Bilder so, daß der Junge, der es am schwierigsten hatte, die Bilder zu erinnern (z.B.), hier zu liegen kommt. Der Junge, für den es am einfachsten war, hier. In die Mitte den Jungen, der es mittelschwer hatte."
Die Kinder sollten ihre Anordnungen begründen. Dann wurden sie gebeten, die wesentlichen Unterschiede zwischen den Karten herauszustellen:
"Welcher Junge schaute am längsten?"
"Welcher Junge hatte die meisten Aufgaben?" etc.
YUSSEN & BIRD (1979) befaßten sich mit dem Verständnis 4- und 6jähriger Kinder (N=36) dafür, daß die erfolgreiche Bewältigung verschiedener kognitiver Probleme durch folgende das Denken beeinflussende Variablen schwieriger oder einfacher werden kann:
- (1) Länge - Wissen, daß eine längere Itemliste schwieriger zu handhaben ist als eine kürzere;
- (2) Lärm - Wissen, daß Lärm Leistung beeinflußt;
- (3) Zeit - Wissen, daß längere im Vergleich zu kürzerer Zeit die Leistung bei einer Aufgabenbearbeitung verbessern wird;
- (4) Alter - Wissen, daß ein jüngeres Kind im allgemeinen schlechter abschneiden wird als ein älteres oder ein Erwachsener.

Für die Untersuchung wurden die kognitiven Aktivitäten "Gedächtnis", "Kommunikation" und "Aufmerksamkeit" berücksichtigt. Jede der drei Aktivitäten wurde in Kombination mit den vier beeinflussenden Variablen vorgegeben, um das Verständnis für deren Einfluß auf die Aktivitäten zu erfassen. Es wurden 24 Bildpaare zur Beurteilung vorgelegt. Auf jedem der zwei Bilder wurde ein Mädchen gezeigt, das eine Aktivität ausführte. Nach Erwachsenenverständnis hatte immer eines der Mädchen eine leichtere Version des Problems als das andere. Der Versuchsleiter beschrieb die kritischen Unterschiede zwischen den Bildern und fragte die Versuchspersonen dann:
(1) "Welches Mädchen hat die schwerere Aufgabe: -
- sicher zu sein, daß ihre Freundin alles versteht, was sie an dem Tag gemacht hat (Kommunikationsaufgabe),
- die Bilder zu erinnern (Gedächtnisaufgabe),
- die Tiere anzusehen und alles, was sie tun, zu beobachten?" (Aufmerksamkeitsaufgabe)
"Oder glaubst Du, beide halten ihre Aufgabe für gleich!"
Die Kinder sollten dann ihre Antwort begründen.

Die Befunde der Untersuchungen lassen sich wie folgt zusammenfassen:
MILLER & BIGI (1977) konnten entwicklungsbedingte Veränderungen im Verständnis für den Einfluß von Aufgabenanforderungen auf die Leistung aufzeigen.
SPEER & FLAVELL (1979) kamen zu dem Ergebnis, daß Kindergarten- und Schulkinder der ersten Klasse Aufgaben zum "Wiedererkennen" als einfacher erachteten als Aufgaben zum "Erinnern": Sie waren offensichtlich in der Lage, die Schwierigkeit des Wiedererkennens ins Verhältnis zur Schwierigkeit des Erinnerns zu setzen und konnten so ein Urteil abgeben. WELLMAN (1977, 1978) zeigte, daß 3- bis 5jährige Kinder den Einfluß von Variablen wie "Itemmenge", "Lärm", "Alter", "Hilfestellung", "Zeit", "Notizenmachen", "Hinweisreize" bei der Schwierigkeitsbeurteilung von Gedächtnissituationen als relevant erkannten. Jüngere Kinder betrachteten lediglich die Anzahl zu erinnernder Items (Itemmenge) als relevant. Ältere Kinder erkannten eine ganze Reihe von Gedächtnis-

variablen korrekt als relevant und waren eher konsistent in ihren Beurteilungen.
Am frühesten wurden "Itemanzahl" und "Lärm", am spätesten "Hinweisreize" als beeinflussende Variablen erkannt.
Hinsichtlich der wechselseitigen Beeinflussung von Gedächtnisvariablen (WELLMAN, 1978) ergab sich folgendes Bild: 5- und 10jährige erkannten gleichermaßen die Relevanz oder Irrelevanz einer bestimmten Variablen für die Gedächtnisleistung. Es waren jedoch nur 10jährige in der Lage, das Zusammenspiel zweier für die Gedächtnisleistung relevanter Variablen zu erkennen und zu berücksichtigen. Jüngere Kinder wiesen noch kein Verständnis dafür, wie Gedächtnisvariablen im Zusammenspiel Gedächtnisleistung beeinflussen, auf. 5jährige beurteilten durchgängig Gedächtnisleistung unter Zugrundelegung lediglich einer der relevanten Variablen.
YUSSEN & BIRD (1979) erhielten über die drei kognitiven Bereiche "Gedächtnis", "Kommunikation" und "Aufmerksamkeit" hinsichtlich des kindlichen Verständnisses für den Einfluß von "Länge", "Lärm", "Zeit" und "Alter" ähnliche Ergebnisse.
4- und 6jährige stimmten in ihren Überlegungen für verschiedene kognitive Aktivitäten stark überein. Allerdings waren 6jährige in der Gesamtleistung genauer als 4jährige. Beide Altersgruppen hatten ein ähnliches Verständnismuster bezüglich der Genauigkeitswerte für die verschiedenen Variablen. Für die Variablen "Lärm" und "Länge" lag ein höherer Grad des Verständnisses vor als für die Variablen "Alter" und "Zeit".

Im folgenden Kapitel soll zu den Untersuchungsmethoden der berichteten Arbeiten kritisch Stellung genommen und anhand der geübten Kritik die Fragestellung abgeleitet werden.

4. Kritische Stellungnahme und Ableitung der Fragestellung

Die in Kapitel 3 beschriebenen Arbeiten untersuchten generell, ob kognitives Wissen zu einem kognitiven Bereich vorhanden ist, und wie es bei einer Fragestellung in einer Untersuchungssituation zur Anwendung gelangt.
Es handelt sich vorrangig um Arbeiten zum Gedächtniswissen von Kindern. Es werden aber auch die kognitiven Bereiche Wahrnehmung bzw. Aufmerksamkeit und Kommunikation berücksichtigt.
Alle Untersuchungen weisen als Methode der Wahl eine Aufgabenstellung auf, die eine Schwierig-einfach-Zuweisung und Schwierig-einfach-Beurteilung verlangt. Sie arbeiten nahezu alle mit unterstützendem Bildmaterial. Dem Kind werden die zu beurteilenden Situationen mittels Bildergeschichten vermittelt. Anschließend wird es zum Untersuchungsgegenstand befragt, indem es eine Schwierigkeitsbeurteilung der in den Geschichten dargestellten kognitiven Anforderung vornehmen soll. Das Kind soll seine Beurteilung begründen.

Diese Art des Vorgehens stellt einen erheblichen Fortschritt dar im Vergleich zu früheren Untersuchungsmethoden (KREUTZER et al., 1975; PIAGET, 1981) zum kindlichen Denken und Wissen über Denkabläufe. Alle bisherigen Methoden stützten sich sehr stark auf verbale Befragung des Kindes.
Interviewfragen sind in bezug auf altersbedingte Sprachunterschiede nicht unproblematisch. Aufgrund unterschiedlicher Fähigkeiten in Sprachproduktion und Sprachverständnis können trotz ähnlicher zugrundeliegender Auffassungen unterschiedliche Antworten auftreten. Kinder müssen die Fähigkeit erworben haben, ihre privaten, innerlich ablaufenden, geistigen Vorgänge zu beschreiben, um überhaupt auf Interviewfragen antworten zu können (vgl. hierzu WELLMAN, 1985). Es besteht bei jüngeren Kindern darüber hinaus die Gefahr, daß sie Fragen, die von abstrakten, geistigen Dingen handeln, nicht verstehen oder mißverstehen.
WELLMAN (1981) nennt als Alternative und zu bevorzugende Methode zu Interviews ein Vorgehen, das er selbst (1977, 1978) benutzte und auch YUSSEN & BIRD (1979) anwandten. Vom Kind werden

dabei einfache Beurteilungen vielerlei sich voneinander abhebender Items gefordert.
WELLMAN befürwortet darüber hinaus eine schrittweise Befragung zum Thema, um als Hauptdaten ein Beurteilungsmuster sorgfältig getroffener Beurteilungen zu erhalten. Auf diese Weise sollen Altersunterschiede in der Sprachproduktion der Versuchspersonen umgangen werden.
Er betont, daß Beurteilungen, die auf Ja-Nein-Antworten beruhen, so gestaltet werden können, daß selbst 3- und 4jährige Kinder sie bewältigen. Sprachverständnis bleibt dennoch eine notwendige Voraussetzung für die Abgabe von Beurteilungen. Es scheint daher angebracht, Beurteilungen über eine Vielzahl verschiedener Items oder Bedingungen zu erheben und zueinander in Beziehung zu setzen. So können etwaige Instruktionsmißverständnisse berücksichtigt und es kann ein realistisches Bild vom kindlichen Wissen bezüglich des Untersuchungsgegenstandes gewonnen werden. Dieser Forderung werden WELLMAN selbst (1977, 1978) wie auch SPEER & FLAVELL (1979) und YUSSEN & BIRD (1979) gerecht. Die schrittweise Befragung zur Gewinnung der Beurteilungsdaten und Erklärungsmuster ist u.E. jedoch bei WELLMAN (1977, 1978) und YUSSEN & BIRD (1979) noch zu kompakt. MILLER & BIGI (1977) geben ihr Befragungsschema nicht detailliert genug an, um eine Bewertung zu rechtfertigen.
WELLMAN (1977) betont bei der Vorgabe der Bildergeschichten den Unterschied zwischen den bildlich dargestellten Situationen und läßt die Kinder sofort eine Schwierigkeitsbeurteilung vornehmen, die anschließend begründet werden soll. Schließlich sollen die Kinder die Hauptunterschiede nochmals aufzeigen. Dazu wird beispielsweise gefragt: "Welcher Junge hat mehr Zeit zum Lernen? Welcher weniger?". Es wird damit der wesentliche Unterschied, nämlich die aus der unterschiedlichen Situation resultierende kognitive Aktivität, bereits vorgegeben. Wir hingegen fordern dies als Antwort vom Kind.
Auch in seiner weiterführenden Untersuchung fragt WELLMAN (1978) die Kinder nicht zuerst, ob sie generell einen Unterschied wahrnehmen, sondern stellt sofort die Frage, wer es schwieriger ha-

be (s.S. 20). Die wesentlichen Unterschiede zwischen den geschilderten kognitiven Anforderungen werden wiederum vom Versuchsleiter vorgegeben und das Kind hat die Aufgabe, eine Zuordnung vorzunehmen.

YUSSEN & BIRD (1979) interessieren sich gleichfalls in erster Linie für die Fähigkeit des Kindes, eine Schwierigkeitszuweisung vornehmen und begründen zu können. Allerdings verzichten sie darauf, selbst nochmals den wesentlichen Unterschied vorzugeben, um dann eine Zuordnung zu verlangen.

In keiner der drei genannten Untersuchungen scheinen die Versuchsleiter näher auf falsche Zuordnungen eingegangen zu sein. Es wurde wohl angenommen, daß in solchen Fällen das Kind zu keiner korrekten Antwort fähig war. Es sollte jedoch berücksichtigt werden, daß sowohl Mißverständnisse in der Auffassung oder Aufnahme des Geschichteninhalts als auch Unkonzentriertheit des Kindes zu einer falschen Antwort geführt haben könnten. SPEER & FLAVELL (1979) führen eher eine schrittweise Befragung durch, da sie, falls Unstimmigkeiten oder unsichere Antworten auftreten, zu einem früheren Punkt des Fragenschemas zurückkehren. Die Befragung wird dann, von dieser Stelle ausgehend, wiederholt (s.S. 19). Wir halten fest, daß alle Autoren bei der Schwierigkeitszuweisung beginnen und in der Regel nicht weiter auf falsche Antworten eingehen.

Es wäre jedoch interessant, die Befragung so zu gestalten, daß die Kinder selbst nach dem Unterschied zwischen den vorgegebenen Bilder- und Geschichtenpaaren gefragt werden. Es bestünde die Möglichkeit, ein differenzierteres Bild ihres Entwicklungsstandes hinsichtlich der Fähigkeit zur Beurteilung unterschiedlicher Anforderungen zu erhalten. Ältere Kinder könnten z.B. bereits auf die Frage nach einem Unterschied zwischen den Geschichtenpaaren den Schwierigkeitsgrad als Beurteilungskriterium nennen. Jüngere Kinder würden hingegen möglicherweise erst Äußerlichkeiten als Unterschiedsmerkmale herausstellen. Sie könnten etwa erst auf direkte Aufforderung hin eine Schwierigkeitszuweisung und -beurteilung vornehmen.

Für die vorliegende Untersuchung ist eine ausführliche, schrittweise Befragung vorgesehen. Sie soll so aufgebaut werden, daß sie die Möglichkeit des selbständigen Erkennens eines Unterschieds und der damit verbundenen unterschiedlichen kognitiven Anforderungen offen läßt und es gestattet, Mißverständnisse zu klären, die eventuell zu einer falschen Beurteilung geführt haben könnten.

Es soll darüber hinaus nicht nur das kognitive Wissen von Kindern in unterschiedlichen Bereichen, sondern auch ihre Leistung in Aufgaben, die den jeweiligen Bereichen zuzuordnen sind, erhoben werden.

Es wurde in den berichteten Arbeiten davon ausgegangen, daß Kinder schon sehr früh in der Lage sind, eine verbal und bildlich vermittelte Situation so zu verstehen, als befänden sie sich selbst in dieser Situation und könnten sie dementsprechend beurteilen. Der Versuch, das kognitive Wissen hinsichtlich einiger kognitiver Bereiche direkt in Form von Leistung in diesen Bereichen zu erheben, war nicht unternommen worden. ORNSTEIN & CORSALE (1979) wiesen darauf hin, daß zwar viele Studien zur Untersuchung des Gedächtniswissens und seiner Entwicklung vorliegen, bisher aber noch die Frage offenbleibt, wie das Wissen von Kindern über Gedächtnis in Beziehung steht mit ihrer Fähigkeit, dieses Wissen anzuwenden. Das heißt, es gab bis Ende der siebziger Jahre praktisch keine Untersuchungen zum Zusammenhang zwischen Gedächtniswissen und tatsächlicher Gedächtnisleistung bezüglich ein und derselben Problemstellung. Aber es gab Hinweise darauf, daß auf tatsächlichem Verhalten beruhende Einschätzungen bzw. Maße für aufgabenspezifisches Gedächtniswissen bessere Prädiktoren für das Verhalten bei entsprechenden Gedächtnisaufgaben sind als Verbalmaße (BEST & ORNSTEIN, 1979; CAVANAUGH & BORKOWSKI, 1980).

Erst neuere Arbeiten berücksichtigten kognitives Wissen über eine vorgegebene Situation und die Anwendung genau dieses Wissens innerhalb einer vorgegebenen Aufgabenstellung. Es wurde also kognitives Wissen in Beziehung gesetzt mit der tatsächlichen Leistung. Das Ziel bestand in der Aufdeckung direkter Zusammenhänge zwischen kognitivem Wissen und Leistung in einem bestimmten kognitiven Bereich. Es wurden dazu vor allem Arbeiten im Bereich Gedächtnis durchgeführt, die kognitives mnemonisches Wissen der Versuchspersonen in Beziehung setzten mit Ergebnissen, die in Gedächtnisaufgaben erzielt wurden (CAVANAUGH & BORKOWSKI; 1980; KURTZ, REID, BORKOWSKI & CAVANAUGH, 1982; SCHNEIDER, 1985). In der Regel wurde allgemeines Gedächtniswissen in Anlehnung an KREUTZER et al. (1975) abgefragt und mit den Ergebnissen in speziellen Gedächtnisaufgaben, z.T. auch bei Transferaufgaben, korreliert. Man erhielt mittelmäßige oder nur bescheidene korrelative Zusammenhänge (vgl. hierzu CAVANAUGH & PERLMUTTER, 1982). In keiner Arbeit wurde Wissen und Leistung bezüglich ein und desselben Aufgabentyps eines kognitiven Bereichs ermittelt. Dieses Versäumnis sollte in der vorliegenden Untersuchung nachgeholt werden.Sie beschäftigt sich mit der Frage, ob schon bei 4- bis 7jährigen Kindern das kognitive Wissen so ausgebildet ist, daß sie erkennen und verstehen, daß eine geistige Tätigkeit unterschiedliche Anstrengungen erfordern kann, abhängig von der Situation, in der sich der Handelnde befindet. Folgende grundlegende Fragestellung bildet den Ausgangspunkt für die Untersuchung (vgl. VAIHINGER & KLUWE, 1986):

Wie nehmen Kinder im Alter von 4 bis 7 Jahren Unterschiede in den kognitiven Anforderungen bei sonst vergleichbaren Situationen wahr?

a) Erkennen die Kinder, daß Unterschiede zwischen zwei Situationen bezüglich des Ausmaßes der damit verknüpften kognitiven Anforderungen vorliegen können?

b) Verstehen sie, daß damit Konsequenzen hinsichtlich der Art der erforderlichen kognitiven Aktivitäten einhergehen können?

Es konnte bereits an einer Stichprobe von N=177 Kindern im Alter von 4 bis 7 Jahren von VAIHINGER & KLUWE (1986) gezeigt werden, daß mit zunehmendem Alter unterschiedliche kognitive

Anforderungen in vergleichbaren Situationen besser erkannt und verstanden werden. Die Untersuchung war so gehalten, daß sie Befragungs- und Aufgabenteile aufwies.
Es zeigte sich, daß das kognitive Wissen, das zu den Bereichen "Lernen", "Gedächtnis", "Wahrnehmung" und "Problemlösen" erhoben worden war, umfangreicher, detaillierter und dem Bewußtsein zugänglicher war, wenn es direkt im Rahmen einer konkreten Aufgabenstellung ermittelt wurde und nicht mittels verbaler Befragung. Befragung und Aufgabenstellung waren jedoch in bezug auf unterschiedliche Aufgabentypen durchgeführt worden. Das in der Befragungssituation registrierte kognitive Wissen war somit nicht mit dem in der Aufgabenstellung erhaltenen kognitiven Wissen vergleichbar.
Für die vorliegende Untersuchung galt es, identisches kognitives Wissen, d.h. Wissen über denselben Aufgabentyp, sowohl in einer fiktiven Befragungs- als auch in einer realen Aufgabensituation zu erfassen. So konnte zumindest theoretisch ein direkter Zusammenhang zwischen den Daten bestehen.

Innerhalb der oben aufgeführten Fragestellung war es das Hauptanliegen der Untersuchung, zu klären,

1) ab wann Kinder die Fähigkeit besitzen, Situationen bezüglich ihres Schwierigkeitsgrades korrekt einzuschätzen und zwar
   a) unter fiktiven Bedingungen, als Befragte zum Untersuchungsgegenstand;
   b) unter realen Bedingungen, als direkt Auszuführende bezüglich des Untersuchungsgegenstandes;

2) ob und ab wann eine Entsprechung in der Beurteilung der Situation und ihren Anforderungen für andere, d.h. als Befragter, und für einen selbst, d.h. als direkt Auszuführender, vorliegt;

3) welche Art der Beurteilung zu einem früheren Zeitpunkt ausgebildet ist: die Fremd- oder die Selbstbeurteilung.

Wir hatten belegt, daß sich bei Kindern im Alter von 4 bis 7 Jahren eine Abfolge von Entwicklungsstufen des Erkennens und

Verstehens unterschiedlicher kognitiver Anforderungen verzeichnen läßt (vgl. VAIHINGER & KLUWE, 1986):

Stufe I: Das Kind erkennt nicht, daß verschiedene situative Bedingungen C_1 und C_2[1] vorliegen

$$C_1 \sim C_2$$

Stufe II: Das Kind registriert lediglich, daß unterschiedliche situative Bedingungen C_1 und C_2 vorliegen. Es kann dazu aber keine Erläuterungen abgeben (z.B. "irgendetwas ist anders").

$$C_1 \neq C_2$$

Stufe III: Das Kind erkennt die unterschiedlichen situativen Bedingungen C_1 und C_2. Es identifiziert und verbalisiert unterscheidende Merkmale, die jedoch eher irrelevant und oberflächlich sind.

$$C_1 \neq C_2, \text{ mit ungenügendem Erklärungsversuch}$$

Stufe IV: Das Kind erkennt die unterschiedlichen situativen Bedingungen C_1 und C_2. Es identifiziert und verbalisiert die für kognitive Anforderungen wesentlichen Merkmale X. Es stellt jedoch noch keine Verknüpfung mit entsprechenden kognitiven Aktivitäten Y her.

$$C_1 \neq C_2, \text{ weil X}$$

---

[1] Mit C_1 und C_2 sind zeitlich aufeinanderfolgende oder auch gleichzeitig vorliegende Bedingungen angesprochen. C_1 und C_2 unterscheiden sich in den Merkmalen, die für die Organisation und den Verlauf des eigenen Denkens entscheidend sind.

Stufe V: Das Kind erkennt und versteht die unterschiedlichen situativen Bedingungen C_1 und C_2: es identifiziert und äußert die für kognitive Anforderungen wesentlichen Merkmale X. Es verknüpft die Unterschiede mit angemessenen kognitiven Aktivitäten Y. Y entspricht dann einer spezifischen Steuerung der kognitiven Bemühungen, z.B. Steigerung der Konzentration etc. Das Kind besitzt Wissen, das sich in der Form von Produktionsregeln darstellen läßt:

wenn: ($C_1 \neq C_2$, weil X), dann: Y

In der vorliegenden Untersuchung wurden diese Entwicklungsstufen des Erkennens und Verstehens unterschiedlicher kognitiver Anforderungen für die Datenanalyse berücksichtigt.

5. Methoden

5.1 Ausgangsüberlegungen zur Untersuchungsgestaltung

In der Untersuchung soll kognitives Wissen bei Kindern im Rahmen einer Problemvorgabe unter fiktiven und realen Bedingungen erfaßt werden.
In unserem Fall bezeichnet kognitives Wissen u.a. das Wissen darüber, daß eine Situation, die sich durch bestimmte Merkmale auszeichnet, höhere oder geringere kognitive Anforderungen stellen kann als eine entsprechende Variante dieser Situation mit spezifischen anderen Merkmalen (vgl. VAIHINGER & KLUWE, 1986). Es stellt sich die Frage, ob dieses Wissen bei 4- bis 7jährigen Kindern von den Untersuchungsbedingungen abhängig ist, unter welchen es erfaßt wird.

Den Schwerpunkt der vorliegenden Untersuchung bildet die Annahme, daß kognitives Wissen, das in einer realen Spiel- oder Aufgabensituation erhoben wird, vom Kind eher aktiviert und zu einem früheren Zeitpunkt detailliert und situationsspezifisch/

realitätsbezogen geäußert werden kann als kognitives Wissen, das fiktiv, d.h. indirekt mittels einer Geschichte, erhoben wird.

Für die Überprüfung dieser Annahme gilt es, zwei Erhebungssituationen zu schaffen, die es ermöglichen, das kognitive Wissen einmal in einer fiktiven, das andere Mal in einer realen Situation zu erfassen.

In der fiktiven Erhebungssituation soll das kognitive Wissen über die Einbeziehung dritter Personen erhoben werden, in der realen Erhebungssituation über die Einbeziehung der Versuchsperson selbst als direkt Betroffene. Wir gehen dabei davon aus, daß die in der realen Erhebungssituation erzielten Ergebnisse, als die unverfälschteren zu betrachten sind, da weniger unkontrollierbare oder nicht erfaßbare Faktoren vorhanden sind als in der indirekten, fiktiven Erhebungssituation. Es kommt daher zu weniger Ergebnisverzerrungen.

Bei der Umsetzung der Fragestellung in die konkrete Untersuchungssituation ist besonders darauf zu achten, daß das kognitive Wissen bezüglich ein und desselben Gegenstandsbereiches in der fiktiven und der realen Bedingung angesprochen wird. Nur so kann sichergestellt werden, a) daß ein direkter Zusammenhang zwischen den Daten bestehen kann und b), daß mögliche auftretende Unterschiede in den Ergebnissen auf die verschiedenen Datenerhebungsverfahren und nicht auf unterschiedlich stark ausgeprägtes Wissen in unterschiedlichen Wissensbereichen zurückzuführen sind.

Bei der Itemformulierung war es wichtig, gleiche Tätigkeiten unter verschiedenen Bedingungen und damit verbundenen unterschiedlich hohen kognitiven Anforderungen zu verdeutlichen. Es wurden zwei Arten von Items zur Erfassung von kognitivem Wissen unter fiktiven und unter realen Bedingungen unterschieden (vgl. VAIHINGER & KLUWE, 1986, 1987):

(1) Zur Erfassung kognitiven Wissens unter fiktiven Bedingungen:
Geschichten-Items
Es handelt sich um Items in Form von Geschichten über zwei Personen, die die gleiche Aufgabe auszuführen haben. Die beiden Personen sind jedoch mit unterschiedlichen situativen Bedingungen und somit mit unterschiedlich hohen kognitiven Anforderungen konfrontiert. Eine der beiden Personen hat es daher einfacher bzw. schwieriger als die andere Person in der Geschichte. Zu jedem Item wird ein Bildpaar vorgegeben. Die Geschichten-Items werden von den Kindern im Interview bearbeitet.

(2) Zur Erfassung kognitiven Wissens unter realen Bedingungen:
Aufgaben-Items
Es handelt sich um Items in Form von Aufgaben und Spielen, die sich inhaltlich direkt an das Kind wenden. Sie verlangen seine Mitarbeit und seinen Einsatz. Es wird eine Aufgabe oder ein Spiel mit zwei alternativen Bedingungen vorgestellt. Die Versuchsperson hat selbst zwischen den Bedingungen und den damit verknüpften leichteren bzw. schwereren kognitiven Anforderungen zu wählen. Es wird vom Kind eine Entscheidung darüber verlangt, was es selbst tun möchte, um es anschließend tatsächlich unter der gewählten Bedingung auszuführen.

Die Geschichten- und Aufgaben-Items lassen sich den kognitiven Bereichen Lernen, Gedächtnis und Problemlösen/Wahrnehmen zuordnen. Es handelt sich um kognitive Aktivitäten, die zwar einige recht verschiedene prozessuale und aufgabenbezogene Eigenschaften haben, desgleichen aber auch eine Anzahl gemeinsamer Eigenschaften hinsichtlich exekutiver oder Kontrollprozesse, Planmäßigkeit, Bewußtheit oder Reflexion besitzen (vgl. hierzu WELLMAN, 1983; YUSSEN & BIRD, 1979).

5.2 Konstruktion des verwendeten Verfahrens

Es wurden insgesamt 17 Items formuliert (vgl.Tab.1 und Items im Anhang). 8 Geschichten- und 9 Aufgaben-Items, die sich jeweils aus zwei Teilen zusammensetzen: einem Informationsteil und einem Fragenteil. Im Informationsteil werden die Tätigkeit und die beiden unterschiedlichen situativen Bedingungen genannt. Im Fragenteil wird die Versuchsperson aufgefordert,
a) die erhaltene Information inhaltlich auf unterschiedliche Gegebenheiten zu prüfen und
b) eine Situations-Beurteilung unter Berücksichtigung des Schwierigkeitskriteriums vorzunehmen und zu begründen.

Bei den Geschichten-Items hört das Kind eine Geschichte und betrachtet ein Bildpaar. Anschließend wird es zur Situation der fiktiven Personen befragt und soll diese aus seiner Sicht beurteilen.

Bei den Aufgaben-Items werden dem Kind zwei Aufgaben-/Spielvarianten vorgestellt. Es soll sich für eine von beiden entscheiden und diese ausführen. Danach wird es zu der realen Situation, in der es sich befunden hat, befragt und soll diese aus der Sicht des direkt Betroffenen, also im Hinblick auf die eigene Person, beurteilen.

Der Fragenteil dient bei beiden Itemarten zur Erfassung des Entwicklungsniveaus hinsichtlich der Fähigkeit zum Erkennen und Verstehen unterschiedlicher situativer Bedingungen und den damit einhergehenden kognitiven Anforderungen.

In bislang vorgenommenen Untersuchungen wurden die Versuchspersonen nicht gefragt, ob sie einen Unterschied zwischen den fiktiv vorgegebenen, zur Wahl stehenden Situationen wahrnehmen. Vielmehr wurde den Kindern unmittelbar ein Beurteilungskriterium vorgegeben, indem sie um eine Schwierigkeitszuordnung und -begründung gebeten wurden (WELLMAN, 1977; 1978; YUSSEN & BIRD, 1979). Ein solches Vorgehen gibt keine Auskunft darüber, ob und inwieweit die Kinder in der Lage gewesen wären, selbständig unterscheidende situative und inhaltliche Merkmale wahrzunehmen, anzugeben und zu beurteilen.

Die Aufforderung, eine Schwierig-einfach-Zuordnung vorzunehmen, mag an sich für die Versuchsperson als "cue" gewirkt haben, so daß die Kinder daraufhin erst die Unterschiede registrierten und so zu einer Beurteilung fähig waren.

Für die vorliegende Untersuchung wird eine Frage zum Unterschied der vorgegebenen Situation der Frage zum Schwierigkeitsgrad vorausgeschickt. Die Frage nach einem Unterschied zeigt möglicherweise auch die Wirkung eines "cue", weist aber noch nicht auf das uns interessierende Beurteilungskriterium hin. Generell kann der Hinweis auf ein Beurteilungskriterium nur umgangen werden, wenn eine allgemeine Frage zu den beiden Situationen gestellt wird. Zum Beispiel: "Wie ist das für die beiden Kinder, wenn sie ... tun sollen?". Ein solches Vorgehen erweist sich jedoch als zu undefiniert für Kinder der Altersgruppen 4 und 5 Jahre wie die Ergebnisse einer Voruntersuchung an 14 Kindern zeigten. Bei den Aufgaben-Items gelingt es, dieses Problem zu umgehen. Dies geschieht durch indirekten Bezug auf die zur Wahl stehenden Situationen, indem man vom Kind eine Entscheidung darüber verlangt, welche Situation es selbst für sich vorzieht. Die Frage, was das Kind selbst tun möchte, ist klar zu verstehen und läßt mehrere Kategorien von Begründungen zu:
a) äußerliche Merkmale;
b) situative Merkmale;
c) inhaltliche Merkmale, die die Konsequenzen der situativen Merkmale berücksichtigen;
d) attributive Merkmale.

Bei einer derartigen Frage tritt vergleichsweise wenig Beeinflussung bezüglich eines Beurteilungskriteriums auf.

Die genannten Begründungskategorien können zwar auch bei der Unterschieds- und der Schwierigkeitsfrage auftreten, sind aber möglicherweise durch die Vorgabe eines Beurteilungskriteriums eingeschränkt. So kann die Frage nach einem Unterschied die Aufmerksamkeit auf äußerliche und situative Merkmale lenken und

die Frage nach der Schwierigkeit auf situative oder inhaltliche Merkmale, bei den Aufgaben-Items vermehrt auch auf attributive Merkmale.
Bei der Konstruktion der Geschichten- und Aufgaben-Items wurde besondere Sorgfalt darauf verwendet, daß sie sich hinsichtlich der Wissensbereiche, die sie abfragen, entsprechen. Im weiteren wird daher von "korrespondierenden Items" die Rede sein. Die "korrespondierenden Items" bieten die Möglichkeit zu untersuchen, ob die Itemart und damit die Art der Problemvorgabe einen Einfluß auf das abrufbare Wissen in Form des Untersuchungsergebnisses hat. Sie können zusätzlich Aufschluß darüber geben, inwiefern bezüglich eines Gegenstandsbereichs das Beurteilen der Situation für andere Personen mit dem Beurteilen der eigenen, selbst gewählten Situation übereinstimmt.

5.2.1 Geschichten-Items

Die Vorgabe der Geschichten-Items erfolgt zusammen mit veranschaulichendem Material in Form von Bildern und der beiden Playmobilfiguren "Heike" und "Peter". Der Itemaufbau folgt der Bedingung, daß die gleiche Tätigkeit bei unterschiedlichen Gegebenheiten ausgeführt werden soll. Im konkreten bedeutet dies, daß zwei Kinder (die Playmobilfiguren Heike und Peter) zwar mit der gleichen Aufgabe konfrontiert sind, sich aber in unterschiedlichen situativen Bedingungen befinden (z.B. Einkaufen mit vs. ohne Zettel).
Der Versuchsperson wird die Situation für die beiden Kinder der Geschichte dargestellt und im Anschluß daran werden ihr nach einem standardisierten Schema Fragen zum <u>Erkennen</u> und <u>Verstehen</u> der unterschiedlichen situativen Bedingungen gestellt:

1. Frage: <u>Unterschiedsfrage</u>

Es wird nach einem Unterschied zwischen den beiden geschilderten Situationen gefragt. Gibt das Kind einen Unterschied an, soll es seine Antwort begründen.

2. Frage: Schwierigkeitsfrage

Die Versuchsperson wird gebeten, eine Schwierig-einfach-Zuweisung für die beiden Kinder der Geschichte vorzunehmen. Anschließend soll sie ihre Zuordnung erklären und begründen. In Abhängigkeit der Qualität der Begründungen der Versuchsperson ist eine stufenweise Befragung i.S. eines "Probing" vorgesehen. Darauf wird später näher eingegangen werden.

5.2.2 Aufgaben-Items

Die Vorgabe der Aufgaben-Items erfolgt in Form von Spielen und Aufgaben. Die Items sind so gestaltet, daß dem Kind zwei Situationsalternativen zur Aufgabenbearbeitung vorgestellt werden. Die vorgegebenen Alternativen drücken unterschiedlich hohe kognitive Anforderungen aus. Der Itemaufbau berücksichtigt damit auch für die Aufgaben-Items die Bedingung, die gleiche Tätigkeit bei unterschiedlichen Gegebenheiten und Anforderungen auszuführen.
Nach Vorgabe der alternativen Spielsituationen wird das Kind gebeten, sich für eine Spielvariante zu entscheiden. Diese Entscheidung verlangt vom Kind eine Beurteilung der vorgestellten Varianten im Hinblick auf die eigene Person, da es selbst nach der Entscheidung mit der gewählten Spielvariante und deren Anforderungen konfrontiert wird. Nach Bearbeitung der gewählten Spielvariante werden (ebenfalls) Fragen zum Erkennen und Verstehen der unterschiedlichen situativen Bedingungen bei den beiden Spielvarianten gestellt. Es werden folgende Fragen bei den Aufgaben-Items vorgegeben:

0. Frage: Entscheidungsfrage

Die Versuchsperson wird aufgefordert, sich für eine der beiden Spiel- bzw. Aufgabenvarianten zu entscheiden und ihre Entscheidung zu begründen.

1. Frage: Unterschiedsfrage (s. 5.2.1 Geschichten-Items)

2. Frage: Schwierigkeitsfrage (s. 5.2.1 Geschichten-Items)

Bei der Formulierung der Schwierigkeitsfrage für die Aufgaben-
Items wird versucht, eine genaue Erklärung dafür zu bekommen,
warum eine bestimmte Aufgabenalternative vom Kind eine Schwie-
rig- bzw. Einfachzuweisung erhält. Es soll verhindert werden,
daß eigene Vorlieben in die Urteilsabgabe einfließen. Um dies
zu erreichen, wird die Versuchsperson angehalten, die Beurteilung der Aufgabenalternativen im Hinblick auf ein gleichaltri-
ges Kind vorzunehmen. Dieses Vorgehen kann gewährleisten, daß
die Urteilsabgabe unparteiisch, aber im Hinblick auf das eigene
Alter erfolgt. Die Variable "Alter" geht somit in die Beurteilung der Aufgabenschwierigkeit ein, ohne daß es zu Ergebnisverzerrungen kommt.

Die Itemformulierungen folgen einem Prinzip, das bereits erfolgreich in Voruntersuchungen bei 4- bis 7jährigen Kindern er-
probt wurde (vgl. VAIHINGER & KLUWE, 1986, 1987).

5.3 Anmerkungen zum Untersuchungsverfahren

Es bliebe kritisch anzumerken, daß die Items Nachteile in sich
bergen, da sie sich im Schwierigkeitsgrad unterscheiden, je
nach Umfang und Komplexität der geschilderten Situationen. Das
Urteil des Kindes spiegelt nicht nur seine Fähigkeit wider, den
entscheidenden Unterschied und die daraus resultierenden Folgen
zu erkennen, vielmehr ist es auch davon abhängig, wie bekannt
ihm die Situation ist und in welchem Ausmaß es selbst schon
eine solche Situation erlebt hat. Verbalfähigkeit, Abstraktions-
vermögen und Konzentrationsfähigkeit des Kindes spielen ebenfalls eine nicht unwesentliche Rolle. Verbalaussagen können
darüber hinaus problematisch sein, weil man nicht erkennen
kann, welche Beziehung zwischen dem, was eine Person weiß, und
dem, was sie sagt bzw. tut, besteht (vgl. CAMPIONE, 1984).

Die genannten Probleme müssen jedoch generell bei Wissens- und
Interviewstudien in Kauf genommen werden.
Das von uns gewählte Datenerhebungsverfahren fällt unter die
Rubrik "pictorial techniques" (vgl. CAVANAUGH & PERLMUTTER,

1982). Es wird damit das Problem begrenzter Sprachgewandtheit, die für die verbalen Einschätzungen hinderlich sein könnte, umgangen. Es besteht jedoch leicht die Gefahr von "ceiling"-Effekten, aufgrund von vielerlei möglichen Unterschieden in den bildlichen Darstellungen. Dieses Problem wurde in unserem Fall vermieden, indem wir die Bilder für die beiden Personen eines Geschichten-Items gleich gestalteten und die unterschiedlichen Anforderungen in der Geschichte, nicht im Bild, deutlich werden ließen. Bei den Aufgaben-Items war dies nicht möglich, da wir hier die unterschiedlichen Möglichkeiten in Form von Aufgaben- bzw. Spielutensilien dem Kind zur Wahl vorlegten. Bei diesem Vorgehen könnte eventuell die Gedächtniskapazität jüngerer Kinder bezüglich der Iteminhalte überschritten werden. Aber das Vorgehen im Rahmen des Fragenablaufs gewährleistet weitgehend, daß dem Kind die wesentlichen Merkmale der Situationen mehrmals dargelegt werden. Die relevanten Punkte des Problems werden vermittelt.

5.4 Hypothesen

Ziel der empirischen Untersuchung ist es, zu prüfen, ob die Rekrutierbarkeit und die Qualität kognitiven Wissens von der Gestaltung der Erhebungssituation abhängen.
Darüber hinaus soll geprüft werden, ob ein Zusammenhang zwischen kognitivem Wissen, Wissensanwendung und sich daraus ergebendem Verhalten dann besteht, wenn die Wissenskomponenten so erfaßt werden, daß genau das Wissen, das abgefragt werden soll, auch zur Anwendung in der Befragung und den entsprechenden Aufgaben gelangen kann.
Die Hypothesen beziehen sich allgemein auf Altersunterschiede, Unterschiede zwischen den Vorgabebedingungen und Unterschiede zwischen den kognitiven Bereichen.

(1) Es wird erwartet, daß die Schwierigkeitsfrage P1 von allen Kindern jeder Altersgruppe zu einem höheren Prozentsatz korrekt beantwortet und begründet wird als die Unterschiedsfrage, da

durch die Aufforderung zur Schwierig-einfach-Zuordnung ein Hinweis auf die Unterschiedlichkeit der Situationen und auf ein Beurteilungskriterium gegeben wird.

(2) Die Schwierigkeitsfrage P1 wird zu einem verhältnismäßig frühen Zeitpunkt auf dem Entwicklungskontinuum korrekt beantwortet und begründet werden können, unabhängig von der Versuchsbedingung. Die Entscheidungsfrage unter realen Bedingungen wird hingegen zu einem sehr späten Zeitpunkt korrekt beantwortet und begründet werden. Diese Annahme fußt auf der Überlegung, daß bei der Entscheidungsfrage keinerlei Hinweis auf ein Beurteilungskriterium gegeben wird.

(3) Es wird angenommen, daß Versuchspersonen, die bereits die Unterschiedsfrage korrekt beantwortet und begründet haben, auch die Schwierigkeitsfrage korrekt beantworten und begründen werden. Was jedoch nicht zwangsläufig umgekehrt der Fall sein dürfte (vgl. Hypothese 1).

(4) Die Entwicklung des Erkennens und Verstehens unterschiedlicher kognitiver Anforderungen vollzieht sich stufenweise. Die Denkentwicklung folgt den postulierten 5 Stufen des Verstehens, die sich in der Qualität des Erkennens und Verstehens voneinander unterscheiden (vgl. VAIHINGER & KLUWE, 1986).
Ausgangspunkt dieser Annahme ist die Überlegung, daß erst mit zunehmendem Alter die Art und das Ausmaß unterschiedlicher kognitiver Anforderungen bei Vorliegen spezifischer Situationszustände und -merkmale erkannt und verstanden werden. Demzufolge werden mit zunehmendem Alter immer höhere Stufen des Verstehens erreicht. Das heißt, 4- und 5jährige Kinder werden hauptsächlich auf den ersten Stufen dieser Entwicklung vertreten sein, die noch durch fehlende, unmaßgebliche oder mangelhafte Identifikation von relevanten Situationsunterschieden gekennzeichnet sind. 6- und 7jährige Kinder hingegen werden vermutlich die letzte Stufe dieser Entwicklung erreichen: sie werden die wesentlichen Unterschiede und Bedingungen erkennen <u>und</u> die damit einhergehenden kognitiven Anforderungen folgern.

(5) Die Fähigkeit zum Erkennen und Verstehen unterschiedlicher kognitiver Anforderungen wird von den Untersuchungsbedingungen abhängig sein, d.h. davon, wie die im Item dargestellten Situationen vorgegeben werden, ob fiktiv oder real. Es wird angenommen, daß sich die Aufgaben-Items durch bessere Ergebnisse auf allen Altersstufen, vor allem den beiden ersten, auszeichnen werden.

(6) Die Fähigkeit zum Erkennen und Verstehen unterschiedlicher kognitiver Anforderungen wird für die kognitiven Bereiche nicht identisch sein und daher in den jeweiligen Bereichen unterschiedlich ausfallen.

(7) Es wird sich mit dem Alter der Kinder eine zunehmende Übereinstimmung entwickeln in der Beurteilung der in den korrespondierenden Items dargestellten Situationen und in der Schlußfolgerung damit verbundener kognitiver Anforderungen.
Dabei wird von der Überlegung ausgegangen, daß bei den Aufgaben-Items im Gegensatz zu den Geschichten-Items bereits 4jährige Kinder hohe Antwortqualitäten aufweisen können, hingegen ältere Kinder bei beiden Itemarten hohe Werte erreichen können. Ein solches Ergebnis würde bei jüngeren Kindern zu geringer, bei älteren Kindern zu hoher Übereinstimmung der Werte für Beurteilung und Schlußfolgerung führen.

(8) Bei Items, die unter realen Bedingungen vorgegeben werden, werden auf allen Altersstufen weniger Hilfen in Form einer stufenweisen Befragung nötig sein als bei Items, die unter fiktiven Bedingungen vorgegeben werden.

6. Untersuchungsdurchführung

6.1 Voruntersuchungen

Erste Itemformulierungen wurden einer Stichprobe von N=14 Kindern im Alter von 4 bis 7 Jahren und N=20 Erwachsenen vorgelegt. Ausgehend von den Ergebnissen dieser Voruntersuchungen wurden das Prinzip der Itemformulierung und die Kategorisierung der zu erwartenden Antworten und Begründungen ausgearbeitet, welche für die Erstellung und Auswertung der 17 Items der vorliegenden Untersuchung angewandt wurden.

Die Endfassung der Items wurde von N=4 Erwachsenen bearbeitet, um nochmals auf Verständlichkeit zu prüfen und Bewertungsmaßstäbe für optimale Antworten und Begründungen zum Vergleich zu haben. Es ging dabei in erster Linie darum, dem Wissen der Kinder einen Stellenwert einräumen zu können. Es sollte auch der Tendenz entgegengewirkt werden, eine bestimmte Lösung bzw. Aufgabenbeantwortung, nämlich die von unserem individuellen Standpunkt aus gesehene, als die einzig richtige zu werten.

In einem Problemlöseprozeß berühren sich objektive und subjektive Bedingungen (vgl. MEILI, 1954; LANG, 1970), wobei subjektive Bedingungen an jeweilige individuelle Erfahrungen mit Objekten und Tätigkeiten gebunden sind. Es muß daher berücksichtigt werden, daß verschiedene Personen zu verschiedenen Strukturierungen und Lösungen eines Problems gelangen, wenn dies objektiv möglich ist.

So lassen sich auch Situationen auf vielfältige Weise als unterschiedlich beurteilen und eine Schwierig-einfach-Zuordnung kann auf mehrere Arten vorgenommen werden. Es gibt nicht nur eine einzig richtige Beurteilung und Begründung, sondern eine Vielzahl von zumindest plausiblen Antworten. Für die Beantwortung der Fragen spielen im Bereich der subjektiven Bedingungen die Faktoren Geschichtenverständnis und Erfahrungswerte eine Rolle.

Will man die Menge richtiger und plausibler Antworten zusammenstellen, so muß man dafür Sorge tragen, daß diese Faktoren vom

entwicklungspsychologischen Standpunkt aus gesehen in etwa ihre
vollständige Ausprägung erreicht haben. Diese Bedingung ist am
ehesten bei Erwachsenen erfüllt.
Die Befragung Erwachsener liefert somit einen Pool von Antworten, den man (a) als Ausgangsbasis hinsichtlich der Qualität
der Antworten von Kindern und (b) als Endpunkt eines möglichen
Entwicklungsverlaufs betrachten kann.

Die Zuordnung der Items zu den 4 kognitiven Bereichen wurde
mittels eines Expertenratings überprüft.

6.2 Versuchspersonen

Die Untersuchung wurde in Kindergärten und Grundschulen der
Stadt Hamburg durchgeführt.
Kinder im Alter von 4 bis 7 Jahren (N=65) bearbeiteten die Items
(vgl. Tab. 2; alle Tabellen s. Anhang).
Den Kindern wurden in zwei Einzelsitzungen im Abstand von durchschnittlich 6 Tagen jeweils 8 bzw. 9 Items vorgegeben. 50% der
Kinder einer Altersgruppe bearbeiteten zuerst die Geschichten-
Items und 50% zuerst die Aufgaben-Items.

6.3 Untersuchungsablauf

Vor der Itemvorgabe wurden die Kinder in die Untersuchungssituation eingeführt und mit dem Aufgabenmaterial vertraut gemacht. Die Geschichten-Items wurden unter Verwendung der beiden
Playmobilfiguren 'Heike' und 'Peter' vorgegeben. Die Einführung
in die Situation geschah folgendermaßen:
"Schau mal, hier habe ich Heike im roten Pullover und Peter im
blauen Pullover. Die beiden sind gleich groß, gleich alt und
können auch immer alles gleich gut. Sie wohnen in derselben
Straße, gehen zusammen zur Schule und spielen und basteln oft
gemeinsam. Sie erzählen sich auch immer, was sie alles erlebt
haben. Ich werde Dir jetzt Geschichten von Heike und Peter erzählen und Dich dann fragen, was Du dazu meinst. Deshalb ist
es wichtig, daß Du genau zuhörst und mir dann auch etwas zu den

Geschichten sagst. Wenn Dir nichts dazu einfällt, dann sage mir
das, und ich werde weiter erzählen. Ansonsten sage einfach, was
Dir in den Sinn kommt, falsch machen kannst Du dabei nichts.
Kannst Du mir denn nochmals sagen, wie das Mädchen heißt und
der Junge?"

Bei den Aufgaben-Items wurde folgende Einführung gegeben:
"Hier habe ich einige Dinge, mit denen Du nachher spielen
kannst: ein Puzzle, einen Kaufladen und noch anderes. Ich werde
Dir jetzt diese Spiele zeigen und Dich dann fragen, was Du dazu meinst. Deshalb ist es wichtig, daß Du gut zuhörst und mir
dann auch etwas zu den Spielen sagst. Wenn Dir einmal nichts
dazu einfällt, dann sage mir: "Dazu fällt mir nichts ein" oder
"Ich weiß nicht", dann werde ich Dir weitere Spiele zeigen.
Ansonsten sage einfach, was Dir in den Sinn kommt; falsch machen
kannst Du dabei nichts."

Die Reihenfolge der Geschichten- und Aufgaben-Items wurde bei
der Vorgabe variiert, um Ergebnisverzerrungen aufgrund von Positionseffekten entgegenzuwirken.

Nach der Itemvorgabe wurden dem Kind Fragen gestellt. Sie dienten dazu festzustellen, ob die Versuchsperson die mittels der
Items beschriebenen und vorgegebenen situativen Bedingungen für
kognitive Aktivitäten als verschieden wahrnahm. In Abhängigkeit
der Antwortqualität waren unterschiedlich viele "Stufen der Befragung" notwendig, um das individuell beste Ergebnis zu erzielen. Ausschlaggebend für die Fortführung oder Beendigung der
stufenweisen Befragung war vor allem, wie die Versuchsperson
ihre Antwort auf eine Frage begründete. Es interessierte dabei,
welche Merkmale in die Begründung eingingen. Ob es sich um Merkmale der Situation, der Aufgabe bzw. des Spiels oder der eigenen
Person handelte und wie diese geartet waren:

(a) äußerliche situationsbeschreibende Merkmale
    (z.B. "weil das rot ist ...");
(b) personenbezogene Merkmale
    (z.B. "weil ich das mag ...; weil das ein Mädchen ist ..");

(c) inhaltliche Merkmale
(z.B. "weil er sich mehr merken muß ...").

Die genannten Merkmale dienten zur Antwortkategorisierung. Die aufgeführten Kategorien wurden nicht a priori festgelegt, sondern sie entstanden nach genauer Durchsicht der Antwortprotokolle aus den Voruntersuchungen, d.h. die Daten wurden entsprechend einem Schema kategorisiert, das aus den Daten selbst abgeleitet war.

Die Befragung wurde abgebrochen, sobald eine Begründung mit inhaltlichen Merkmalen erfolgt war und alle Kriterien, die auf ein Verständnis bezüglich des Schwierigkeitsgrades der kognitiven Anforderungen in der Situation hinwiesen, erfüllt waren (vgl. VAIHINGER u.a., 1987).
Der Fragenablauf folgte einem Fragenschema, das im nächsten Abschnitt näher beschrieben werden soll.

6.4 Fragenschema

Die Fragen zum Erkennen und Verstehen unterschiedlicher kognitiver Aktivität und damit einhergehenden kognitiven Anforderungen wurden bei den Geschichten-Items direkt im Anschluß an die geschilderten Situationen gestellt. Bei den Aufgaben-Items wurde das Kind erst aufgefordert, sich für eine der beiden Aufgabenalternativen zu entscheiden (vgl. Entscheidungsfrage, S.45) seine Entscheidung zu begründen und die Aufgabe auszuführen, bevor die Fragen vorgegeben wurden.
Der Untersuchungsablauf sah für die Aufgaben-Items wie folgt aus (vgl. hierzu auch Abb. 2):
(1) Entscheidung für eine der beiden vorgestellten Aufgabenalternativen mit anschließender Begründung der Entscheidung;
(2) Ausführung der Aufgabe unter der gewählten Bedingung;
(3) Befragung zur Aufgabe.

6.5 Aufbau des Fragenschemas für die Geschichten- und Aufgaben-Items

6.5.1 Aufforderung zur Entscheidung für eine der beiden vorgestellten Handlungsalternativen bei den Aufgaben-Items

Die Aufgabe bzw. das Spiel wird dem Kind vorgestellt und es wird ihm erklärt, was es tun soll. In einem nächsten Schritt soll es sich für eine der vorgestellten Handlungsalternativen entscheiden. Beide Alternativen werden zur Entlastung des Kurzzeitgedächtnisses und Zentrierung der Aufmerksamkeit auf die sachlichen Gegebenheiten der geschilderten Situationen nochmals genannt.
Die Frage an das Kind lautet dem Sinn nach:
"Du sollst ... tun/machen. Sage mir, was Du tust/machst!"

Diese Formulierung soll dem Kind vermitteln, daß die Versuchsleiterin davon ausgeht, daß es eine Alternative wählt und in der Lage ist, die Aufgabe anzugehen und zu bewältigen, ohne lange zu zögern. Es wird nicht gefragt: "Sage mir, was Du tun willst!", um von anderen Möglichkeiten als den beiden Alternativen oder gar der Frage des Wollens generell abzulenken.
Nachdem sich die Versuchsperson für eine Alternative entschieden hat, soll sie ihre Wahl begründen.
Wenn bereits bei der Begründung der Entscheidungsfrage inhaltliche situationsbezogene Merkmale genannt werden und darüber hinaus selbständig eine Schwierigkeitsbeurteilung in der Begründung erfolgt, dann erübrigen sich die weiteren Fragen des Schemas.

6.5.2 Unterschiedsfrage

A) Geschichten-Items

Die Frage schildert nochmals kurz die Situation und weist mittels Erwähnung der Namen 'Heike' und 'Peter' implizit auf die situativen Unterschiede hin. Die Antwort auf die Frage soll begründet werden. Die Frage lautet sinngemäß:

Abbildung 2: Fragenablauf

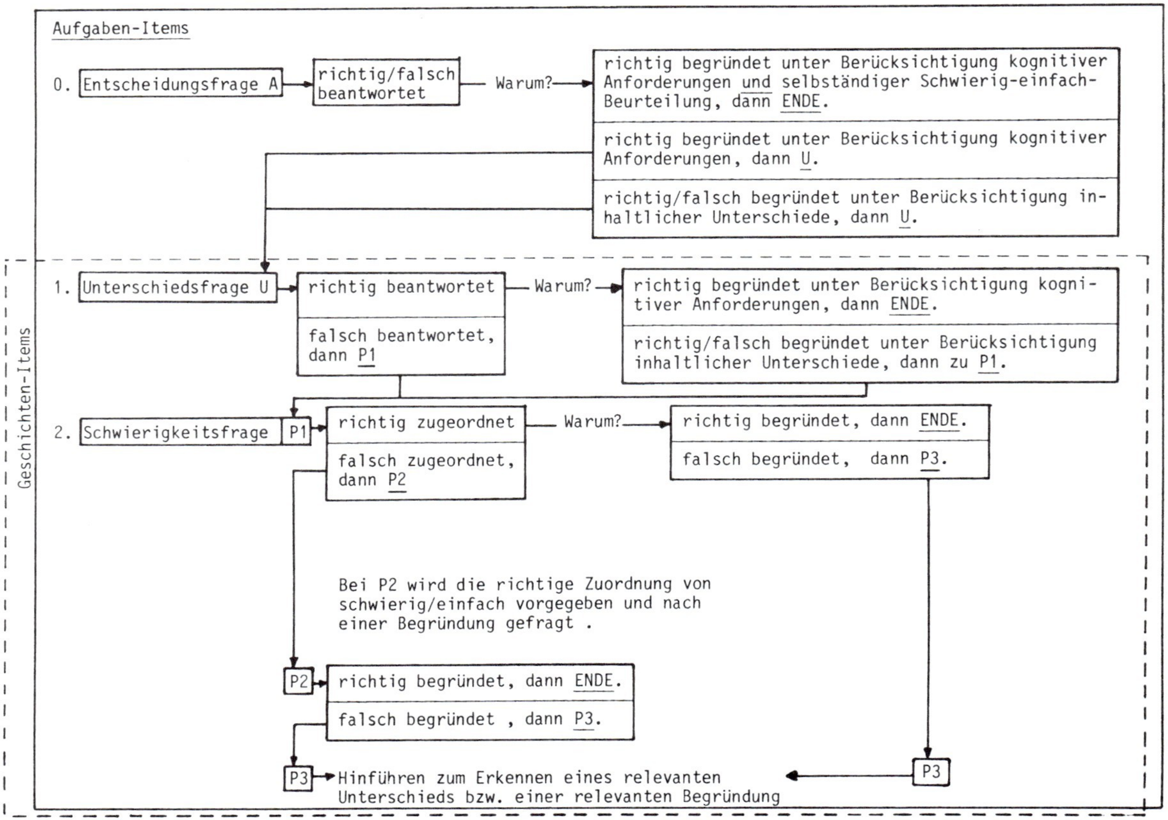

Aufgaben-Items

0. Entscheidungsfrage A — richtig/falsch beantwortet — Warum?
   - richtig begründet unter Berücksichtigung kognitiver Anforderungen und selbständiger Schwierig-einfach-Beurteilung, dann ENDE.
   - richtig begründet unter Berücksichtigung kognitiver Anforderungen, dann U.
   - richtig/falsch begründet unter Berücksichtigung inhaltlicher Unterschiede, dann U.

1. Unterschiedsfrage U — richtig beantwortet — Warum?
   - falsch beantwortet, dann P1
   - richtig begründet unter Berücksichtigung kognitiver Anforderungen, dann ENDE.
   - richtig/falsch begründet unter Berücksichtigung inhaltlicher Unterschiede, dann zu P1.

2. Schwierigkeitsfrage P1 — richtig zugeordnet — Warum?
   - falsch zugeordnet, dann P2
   - richtig begründet, dann ENDE.
   - falsch begründet, dann P3.

Bei P2 wird die richtige Zuordnung von schwierig/einfach vorgegeben und nach einer Begründung gefragt.

P2
- richtig begründet, dann ENDE.
- falsch begründet, dann P3.

P3 — Hinführen zum Erkennen eines relevanten Unterschieds bzw. einer relevanten Begründung

Geschichten-Items

"Was meinst Du, ist da ein Unterschied, wenn Heike und Peter ...
tun?"
"Was meinst Du, warum?"

B) Aufgaben-Items

Dem Kind wird kurz dargestellt, was es soeben ausgeführt bzw.
gespielt hat, um ihm noch einmal die Aufgabe (entspricht der
Situation bei den Geschichten-Items) zu verdeutlichen. Daran
anschließend wird es nach einem Unterschied bezüglich der Aufgabenalternativen gefragt. Die Unterschiedsfrage beinhaltet explizit die beiden Alternativen.
Das Kind soll seine Antwort begründen.
Die Unterschiedsfrage wird wie folgt gestellt:
"Du hast nun ... gemacht. Was meinst Du, ist da ein Unterschied,
wenn Du dazu ... (1. Alternative) oder ... (2. Alternative)
wählst/nimmst?"
"Warum, was meinst Du?"

Bei der Unterschiedsfrage wird die Verwendung der Begriffe "Unterschied" und "gleich" sowohl bei den Geschichten- als auch
den Aufgaben-Items variiert. Es erhalten 50% der Kinder einer
Altersgruppe die Frage:
"Was meinst Du, ist das gleich, ...?"

Wird die Unterschiedsfrage bejaht, dann wird gefragt, was anders
ist. Ist das Kind in der Lage, eine Begründung zu geben, wird
wiederum darauf geachtet, welche Merkmale in die Begründung eingehen. Die Qualität der Merkmale ist entscheidend für die Fortführung der stufenweisen Befragung (vgl. Fragenablauf S.46).
Wenn ein Kind den Unterschied zwischen den Situationen nicht erkennt, wird keine Begründung der Antwort verlangt, um nicht
eine falsche Betrachtungsweise nahezulegen. Dies könnte sich
für die weitere stufenweise Befragung negativ auswirken. Darüber hinaus interessiert in erster Linie, ob und wo die Versuchspersonen einen Unterschied bemerken.

6.5.3 Schwierigkeitsfragen P1 - P2 - P3 und AP1 - AP2 - AP3

Auf die Unterschiedsfrage folgen die Prüffragen zur Schwierigkeitsbeurteilung. Vorausgesetzt das Kind nahm nicht bereits bei den vorausgegangenen Fragen s̲e̲l̲b̲s̲t̲ä̲n̲d̲i̲g̲ eine Schwierig-einfach-Beurteilung im Hinblick auf die vorgegebenen Situationen vor und begründete diese korrekt.

Die Prüffragen haben die Aufgabe, dem Kind zu einer Antwort bzw. Begründung zu verhelfen, in der die unterschiedliche Schwierigkeit der Situationen genannt und verdeutlicht werden soll. Je nach Qualität der Begründung sind unterschiedlich viele Prüffragen im Rahmen des Fragenschemas erforderlich.

A) Geschichten-Items

Prüffrage P1:

Das Kind wird zu einer Schwierig-einfach-Zuordnung aufgefordert, indem es gefragt wird, für welche der beiden fiktiven Personen Heike und Peter es in der geschilderten Situation einfach bzw. schwierig ist.
Die Frage beinhaltet nochmals die Ausgangssituation und Tätigkeit.
"Einer von beiden sagt: "Das ist einfach/schwierig, wenn ich jetzt ...!"
Wer sagt das wohl, was meinst Du? Heike oder Peter?"

Durch Nennung der Namen Heike und Peter wird implizit auf die unterschiedlichen situativen Bedingungen hingewiesen.
Wenn das Kind eine Zuordnung vornimmt, soll es diese begründen, unabhängig davon, ob die Zuordnung richtig oder falsch ist.
"Warum sagt Heike/Peter das?"

Nahm das Kind die Zuordnung richtig vor, soll durch die Begründung verdeutlicht werden, welche Kriterien zur Schwierig-einfach-Beurteilung verwendet wurden. Handelt es sich um inhaltliche Kriterien, kann die Befragung an dieser Stelle beendet werden.

Liegt hingegen eine falsche Zuordnung vor, so kann die Begründung möglicherweise der Klärung eines Mißverständnisses dienen.
Gelingt die Begründung bei korrekter Zuordnung nicht, wird zur Prüffrage P3 übergegangen, um mittels Hilfestellung zum Erkennen und Verstehen des relevanten Unterschiedes hinzuführen. Liegen bei Prüffrage P1 keine oder eine falsche Zuordnung und Begründung vor, wird Prüffrage P2 vorgegeben.

Prüffrage P2:

Es wird dem Kind die korrekte Zuordnung vorgegeben, wobei erneut die Ausgangssituation und Tätigkeit, wie in Frage P1, wiederholt werden.
"Wenn nun Heike/Peter sagt: "Das ist einfach/schwierig, wenn ich ... soll!"
Warum sagt sie/er das wohl, was meinst Du?"
Es wird eine Begründung für die Zuordnung verlangt. Genügt die Begründung den vorgegebenen Kriterien, wird die Befragung abgebrochen und es wird zum nächsten Item übergegangen.
Ist die Begründung unzulänglich, dann wird Prüffrage P3 vorgegeben.

Prüffrage P3:

Die korrekte Zuordnung wird ein weiteres Mal vorgegeben. Zusätzlich wird ein direkter Hinweis auf die bestehenden unterschiedlichen kognitiven Anforderungen für die beiden Kinder Heike und Peter gegeben. Die Ausgangssituation und Tätigkeit werden nochmals genannt.
"Schau mal, für Heike/Peter ist das wirklich schwierig/einfach, wenn sie/er ... soll!
Sie/er muß sich sehr anstrengen/nicht anstrengen, wenn sie/er .... . Warum wohl, was meinst Du?"
Das Kind soll mittels Unterstützung zu einer korrekten Begründung hingeführt werden.

Für die Schwierigkeitsfragen P1-P2-P3 gilt generell: der Informationsgehalt ist für alle drei Fragen konstant gehalten, indem bei allen drei Fragen die Schilderung der Ausgangssituation und Tätigkeit identisch ist.

B) Aufgaben-Items

Prüffrage AP1:

Diese Frage beinhaltet die Aufforderung zur Schwierig-,einfach-Zuordnung. Die Versuchsperson soll jedoch bei ihrer Zuordnung von einem gleichaltrigen Kind ausgehen, damit sie nicht die eigenen Bedürfnisse bei der Aufgaben- bzw. Spielbewältigung zu sehr in den Vordergrund stellt.
Wie bei P1 der Geschichten-Items wird nochmals die Aufgabe geschildert.
"Stelle Dir nun vor, ein Kind, so alt wie Du, hat auch ... gemacht. Es hat mir dabei gesagt:"Das ist einfach/schwierig zu tun!" Was meinst Du, hat es ... (1. Alternative) oder ... (2. Alternative)?"

Nach der Zuordnung wird das Kind, unabhängig von deren Richtigkeit, um eine Begründung gebeten.
"Warum ist das (vom Kind genannte Alternative) einfach/schwierig?"
Die Begründung der Zuordnung dient dazu aufzuzeigen, was als Kriterium zur Schwierig-einfach-Beurteilung herangezogen wird.
Die Bedingungen zur Fragenfortführung entsprechen denjenigen bei den Geschichten-Items.

Prüffrage AP2:

Wie bei den Geschichten-Items wird hier dem Kind die korrekte Zuordnung vorgegeben und eine Begründung verlangt. Die Aufgabe und Tätigkeit werden wiederholt.
"Schau, es ist einfach/schwierig, ... (zu tun), wenn man ... (entsprechende Alternative). Warum wohl, was meinst Du?"

Bedingungen zur Fragenfortführung siehe Geschichten-Items.

Prüffrage AP3:

Die korrekte Zuordnung wird erneut vorgegeben, wobei, wie bei den Geschichten-Items, ein direkter Hinweis auf die unterschiedlichen kognitiven Anforderungen der jeweiligen Aufgabenalternativen gegeben wird.
Die Aufgabe bzw. Tätigkeit wird wie in AP1 und AP2 wiederholt, "Schau, es ist wirklich einfach/schwierig, ... (zu tun), wenn man ... (entsprechende Alternative).
Man muß sich dann nicht so sehr anstrengen/muß sich sehr anstrengen! Warum wohl, was meinst Du?"

Mit Prüffrage AP3 wird der letzte Versuch unternommen, eine korrekte Begründung hinsichtlich des relevanten Unterschieds zu erhalten.

Bei AP2 und AP3 wird die Bedingungskomponente (Wenn-Satz) mit "man" formuliert, um, wie bereits bei AP1, eine Dezentrierung der Sichtweise des Kindes zu erreichen. Das heißt, es soll von eigenen Bedürfnissen abgelenkt werden.
Der Informationsgehalt ist bei allen drei Fragen identisch bezüglich Aufgabe und Tätigkeit (vgl. Geschichten-Items).
Sowohl in den Prüffragen P1-P3 als auch AP1-AP3 werden die Begriffe "einfach" und "schwierig" in Verbindung mit den Namen Heike und Peter variiert vorgegeben.

Falls eine Frage noch nicht oder nur unzureichend beantwortet ist, wird die Versuchsperson nach Ablauf von ca. 5 Sekunden nochmals gefragt: "Fällt Dir noch etwas dazu ein?"
Erst dann wird zur nächsten Prüffrage oder zum nächsten Item übergegangen.

Die stufenweise Befragung mittels P1-P3 bzw. AP1-AP3 wird verwendet, um von den Kindern ein individuell optimales Ergebnis bei der Schwierigkeitsbeurteilung der situativen Bedingungen zu erhalten.

7. Datenerhebung und Datenanalyse

Die Datenerhebung bezog sich bei den Geschichten-Items auf die Verbalaussagen der Kinder und bei den Aufgaben-Items auf die Verbalaussagen und die jeweils gewählte Alternative zur Aufgaben- bzw. Spielausführung.

Die Antworten der Kinder zu den Items wurden auf einem standardisierten Antwortbogen registriert und der gesamte Untersuchungsablauf wurde auf Tonband aufgezeichnet. Der Datenanalyseplan berücksichtigte die Faktoren Itemart, Alter und Geschlecht. Folgende Daten wurden zur Bestimmung des Niveaus des "Erkennens und Verstehens unterschiedlicher kognitiver Anforderungen" herangezogen:

(a) Beantwortung und Begründung der Entscheidungsfrage (nur bei Aufgaben-Items);
(b) Beantwortung und Begründung der Unterschiedsfrage;
(c) Beantwortung und Begründung der Schwierigkeitsfrage im Rahmen der stufenweisen Befragung.

Die Antworten der Kinder wurden Kennwerten zugeordnet, um so ihre Qualität zu kennzeichnen. Die Zuordnung wurde anhand des nachfolgenden Schemas entsprechend den Stufen I-V der Entwicklung vorgenommen:

Der Wert 1 wird gegeben, wenn das Kind die Situation bzw. Alternativen C_1 und C_2 für gleich hält und auch in der weiteren Befragung nichts dazu äußern kann.

Der Wert 2 wird gegeben, wenn das Kind zwar den Unterschied feststellt, jedoch während der stufenweisen Befragung keine Erklärungsversuche mehr abgibt ("weiß nicht" oder Schweigen).

Der Wert 3 wird gegeben, wenn das Kind den Unterschied konstatiert und im Verlauf der stufenweisen Befragung eine Begründung abgibt, dazu aber äußerliche situationsbezogene oder andere irrelevante Merkmale heranzieht.

Der Wert 4 wird gegeben, wenn das Kind den Unterschied konstatiert und im Verlauf der stufenweisen Befragung eine Begründung abgibt, die auf die zentralen inhaltlichen Merkmale Bezug nimmt.

Der Wert 5 wird gegeben, wenn das Kind den Unterschied angibt, die wesentlichen inhaltlichen Merkmale erläutert und auf die adäquaten kognitiven Aktivitäten verweist.

Bei den Aufgaben-Items war die gewählte Alternative zur Aufgabenausführung für die Zuordnung der Kennwerte 1-5 nicht von Bedeutung. Sie war allerdings ausschlaggebend bei der Vergabe des Kennwertes 5 an Kinder, die bereits bei der Entscheidungsfrage die korrekte Antwort mit bestmöglicher Begründung gaben.

Die Kennwerte unterscheiden sich folgendermaßen voneinander:
Wert 1 und Wert 2 unterscheiden sich im Erkennen der Verschiedenheit der Situationen.
Wert 2 und Wert 3 unterscheiden sich darin, daß bei 3 ein Erklärungsversuch erfolgt, der jedoch noch unzureichend ist.
Wert 3 und Wert 4 unterscheiden sich darin, daß bei 4 die für kognitive Anforderungen relevanten inhaltlichen Merkmale wahrgenommen und im Verlauf der Befragung verbalisiert werden.
Wert 4 und Wert 5 unterscheiden sich dadurch, daß zusätzlich zu den relevanten inhaltlichen Merkmalen noch die Konsequenzen für kognitive Aktivitäten verbalisiert werden.

Bei der Vergabe der Kennwerte wurde die Anzahl der benötigten Hilfestellungen bis zur Abgabe der Antwort innerhalb der stufenweisen Befragung nicht einbezogen.
Das heißt, es erfolgte keine Gewichtung mittels der stufenweisen Befragung. Das aus den Ergebnissen resultierende entwicklungspsychologische Bild stellt demnach das günstigste für die an der Untersuchung beteiligten Kinder dar (vgl. VAIHINGER u.a., 1987).

8. Ergebnisdarstellung

8.1 Entwicklung der Fähigkeit, unterscheidende situative Merkmale zu erkennen und bei einer Situationsbeurteilung zu berücksichtigen

Es wurden Datenanalysen zu folgenden Punkten vorgenommen:
1) Vergleich der prozentualen Häufigkeiten korrekter Antworten auf die Unterschiedsfrage und die Schwierigkeitsfrage;
2) Übergang von falschen zu korrekten Antworten und Begründungen bei der Unterschiedsfrage, der "Was-willst-Du-tun?"-Frage (Entscheidungsfrage) und der Schwierigkeitsfrage;
3) Zusammenhang zwischen Beantwortung der Unterschiedsfrage und der Schwierigkeitsfrage.

8.1.1 Übergänge von falscher zu richtiger Antwort auf die Fragen des Schemas

Ein Vergleich der prozentualen Häufigkeit korrekter Antworten und Begründungen bei den Variablen "Unterschiedsfrage" und "Schwierigkeitsfrage" zeigt, daß unter beiden Versuchsbedingungen die Unterschiedsfrage auf den Altersstufen prozentual häufiger korrekt beantwortet und begründet wird als die Schwierigkeitsfrage.
Die einzige Ausnahme bilden die 7jährigen, die unter realen Bedingungen die Schwierigkeitsfrage zu einem höheren Prozentsatz korrekt beantworten und begründen (vgl. Tab. 3).
Es zeigt sich, daß der Übergang von falschen zu richtigen Antworten und Begründungen bei der Unterschiedsfrage wie auch der Schwierigkeitsfrage unter beiden Untersuchungsbedingungen zu einem verhältnismäßig frühen Zeitpunkt stattfindet (vgl. Abb.3, Tab. 3).
Unter fiktiven Bedingungen erfolgt der Übergang für die Unterschiedsfrage mit ca. 4 Jahren und 7 Monaten, für die Schwierigkeitsfrage mit etwas mehr als 5 Jahren. Unter realen Bedingungen erfolgt der Übergang für beide Variablen früher: für die

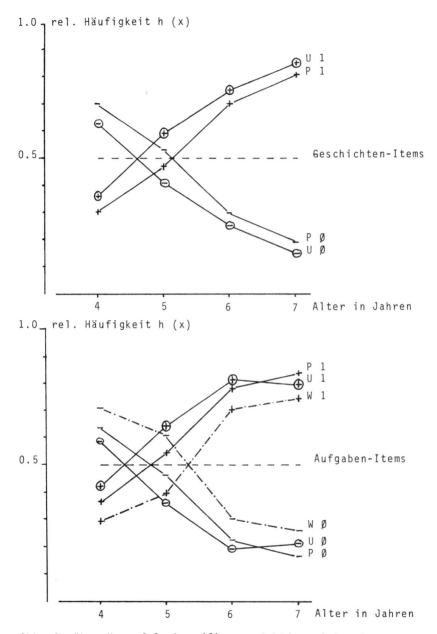

Abb. 3: Übergänge falscher (∅) zu richtigen Antworten und Begründungen (1) auf die Fragen des Fragenschemas bei Geschichten- und Aufgaben-Items; U=Unterschieds-, P=Schwierigkeits-, W=Entscheidungsfrage.

Unterschiedsfrage mit ca. 4 Jahren und 4 Monaten und für die
Schwierigkeitsfrage mit ca. 4 Jahren und 8 Monaten.
Für die Variable "Entscheidungsfrage" erfolgt der Wechsel mit
ca. 5 Jahren und 4 Monaten.

Die bisher dargestellten Ergebnisse bezüglich der Übergänge berücksichtigten falsche und richtige Antworten und Begründungen
im Sinne der Stufen IV und V. Für die folgende Datenanalyse wurden Antworten und Begründungen herangezogen, die das Schwierigkeitskriterium im Sinne der Konsequenzen der Situation für das
eigene Verhalten entweder beinhalteten oder nicht. Das heißt, es
wurden nur solche Antworten und Begründungen auf die Unterschieds-
bzw. Schwierigkeitsfrage berücksichtigt, die entweder falsch oder
optimal im Sinne der Stufe V des Entwicklungsverlaufs waren. Es
sollte damit verdeutlicht werden, wann ein Übergang von falsch
zu optimal erfolgt, wenn
a) kein Schwierigkeitskriterium explizit vorgegeben ist, wie
bei der Unterschiedsfrage bzw. der Entscheidungsfrage;
b) ein Schwierigkeitskriterium explizit vorliegt, wie bei der
Schwierigkeitsfrage.
Eine richtige Antwort mit falscher Begründung wurde nicht gewertet, weil hierbei die Korrektheit zu 50% zufallsbedingt
sein konnte.

Wie Abbildung 4 zeigt, liegen unter fiktiven Bedingungen bei
Berücksichtigung des genannten Kriteriums bei allen Altersgruppen, ausgenommen die Gruppe der 5jährigen, bei der Unterschiedsfrage mehr korrekte Antworten und Begründungen vor als bei der
Schwierigkeitsfrage. Der Übergang von falschen zu optimalen
Antworten und Begründungen erfolgt darüber hinaus bei der Unterschiedsfrage zu einem etwas früheren Zeitpunkt als bei der
Schwierigkeitsfrage. Unter dem genannten Kriterium tritt der
Übergang selbst zu einem erheblich späteren Zeitpunkt ein im
Vergleich zur vorherigen Datenanalyse: für beide Fragen liegt
er bei ca. 5 3/4 Jahren (vgl. Abb. 3 und Abb. 4).

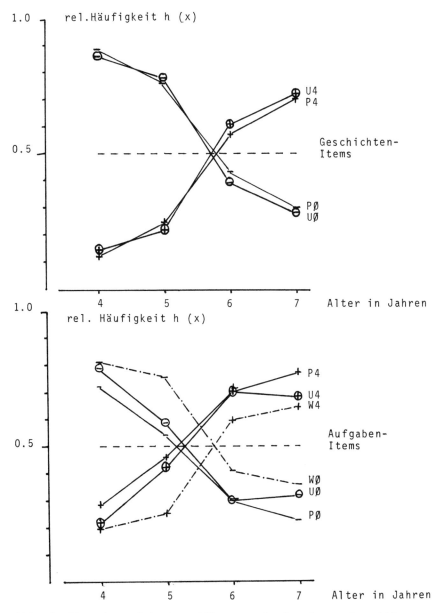

Abb. 4: Übergänge falscher (∅) zu optimalen Antworten (4) auf die Fragen des Schemas bei Geschichten- und Aufgaben-Items; U=Unterschieds-, P=Schwierigkeits-, W=Entscheidungsfrage

Unter realen Bedingungen wird dagegen die Schwierigkeitsfrage von nahezu allen Altersgruppen zu einem höheren Prozentsatz korrekt beantwortet und begründet als die Unterschiedsfrage. Nur die Gruppe der 6jährigen weist für beide Fragen gleiche Prozentwerte auf. Der zeitliche Abstand zwischen den Übergängen von falschen zu optimalen Antworten und Begründungen ist für die Unterschieds- und die Schwierigkeitsfrage vergleichbar demjenigen unter fiktiven Bedingungen. Er liegt bei ca. 5 1/4 Jahren (vgl. Abb.4, Tab.4). Die Schwierigkeitsfrage wird zu einem etwas früheren Zeitpunkt korrekt beantwortet verglichen mit der Unterschiedsfrage und der Entscheidungsfrage. Bezüglich letzteren liegt er bei 5 3/4 Jahren und erfolgt somit am spätesten.

Hypothese 1 scheint sich unter realen Bedingungen zu verifizieren, da a) die Schwierigkeitsfrage im Vergleich zur Unterschiedsfrage in der Mehrzahl der Fälle besser beantwortet und begründet werden kann und b) der Übergang von falsch zu optimal bei der Schwierigkeitsfrage vor der Unterschiedsfrage erfolgt.

Eine Bestätigung der Hypothese 2 ist darin zu sehen, daß sich der Übergang von falschen zu optimalen Antworten und Begründungen bei der Entscheidungsfrage, die keinerlei Beurteilungskriterium beinhaltet, am spätesten vollzieht.

Bei der Schwierigkeitsfrage erfolgt der Übergang ca. ein halbes Jahr früher, unter fiktiven Bedingungen erfolgt er jedoch zu einem vergleichbar späten Zeitpunkt wie die Entscheidungsfrage unter realen Bedingungen (vgl. Abb.4).

8.1.2 Zusammenhänge mit der Schwierigkeitsbeantwortung

Eine Analyse der Daten daraufhin, inwieweit ein Zusammenhang zwischen der Beantwortung von Unterschieds- und Schwierigkeitsfrage besteht, ergibt folgendes Bild: Betrachten wir bei den Geschichten-Items alle Versuchspersonen, die die Unterschiedsfrage richtig beantwortet und begründet haben, so zeigt sich, daß sie bis zu 78% auch die Schwierigkeitsfrage richtig beantwortet und begründet haben. Befaßt man sich bei dieser Ver-

suchspersonengruppe mit der Werteverteilung hinsichtlich der Variablen "Beantwortung und Begründung von P1" über die Altersgruppen hinweg, so ergibt sich eine hochsignifikante Abweichung von der Normalverteilung (vgl. Tab.5).
Versuchspersonen, die die Unterschiedsfrage falsch beantwortet haben, haben hingegen auch zu insgesamt 81% die Schwierigkeitsfrage P1 falsch beantwortet und begründet (vgl. Tab.5). Es ergibt sich über die Altersgruppen hinweg ein hochsignifikanter Unterschied in der Werteverteilung für die Variable "Beantwortung und Begründung von P1" (vgl. Tab.4).

Bei den Aufgaben-Items erhalten wir ein vergleichbares Ergebnis. Auch hier haben mit 81% die Versuchspersonen mit korrekter Beantwortung und Begründung der Unterschiedsfrage die Schwierigkeitsfrage P1 zu einem weitaus höheren Prozentsatz richtig beantwortet und begründet als die 29% Versuchspersonen mit falscher Beantwortung und Begründung der Unterschiedsfrage (vgl. Tab.5).
Für beide Variablenausprägungen (Unterschiedsfrage falsch bzw. Unterschiedsfrage korrekt beantwortet und begründet) ergibt sich über die Altersgruppen betrachtet ein hochsignifikanter Unterschied in der Werteverteilung für die Variable "Beantwortung und Begründung der Schwierigkeitsfrage" (vgl. Tab.5).
Aufgrund der aufgeführten Ergebnisse können wir Hypothese 3 als verifiziert betrachten.
Generell liegen mit zunehmendem Alter bessere Ergebnisse vor. Unter realen Bedingungen geben dabei auf allen Altersstufen mehr Kinder korrekte Antworten und Begründungen auf die Unterschiedsfrage und die Schwierigkeitsfrage ab. Die Datenanalysen rechtfertigen jedoch nicht die Aussage, daß unter realen Bedingungen signifikant mehr korrekte Antworten erfolgen (vgl. Tab.6).

Zur Bedeutung der Unterschiedsfrage trägt diese Analyse insofern bei, als sie zeigt, daß die richtige Beantwortung und Begründung von P1 nicht gewährleistet, daß die Versuchspersonen selbständig korrekte Beurteilungskriterien auf die Situations-

beurteilung angewandt hätten. Dies wird darin deutlich, daß
bei den Geschichten-Items selbst bei korrekter Beantwortung
und Beurteilung von P1 noch insgesamt 12% aller Versuchspersonen (32% der 4jährigen) die Unterschiedsfrage falsch beantwortet hatten, bei den Aufgaben-Items 15% aller Versuchspersonen
(28% der 4jährigen, 18% der 5jährigen). Ebenfalls bei den Aufgaben-Items hatten 27% aller Versuchspersonen (40% der 4jähri-
gen, 44% der 5jährigen) die Entscheidungsfrage falsch beantwortet und begründet (vgl. Tab.7).

Wir können zu den vorliegenden Datenanalysen folgende abschlie-
ßende Bemerkungen machen:
Unter realen Bedingungen erfolgt der Übergang von falscher zu
optimaler Antwort und Begründung bei der Schwierigkeitsfrage
vor der Unterschiedsfrage. Bei der Entscheidungsfrage "Was
willst Du tun" tritt der Übergang am spätesten ein.
Versuchspersonen, die die Unterschiedsfrage korrekt beantwortet
und begründet haben, weisen auch bei der Schwierigkeitsfrage
bis zu 78% (bei Geschichten-Items) und 81% (bei Aufgaben-Items)
richtige Antworten und Begründungen auf. Dies gilt jedoch nicht
für den umgekehrten Fall. Das heißt, wer die Schwierigkeitsfrage korrekt beantwortet und begründet, konnte nicht zwangsläufig
zuvor auch die Unterschiedsfrage korrekt beantworten und begründen.
Auf allen Altersstufen konnten unter realen Bedingungen mehr
Kinder korrekte Antworten und Begründungen auf die Unterschieds-
und Schwierigkeitsfrage abgeben als unter fiktiven Bedingungen.

8.2 Entwicklung des Verstehens unterschiedlicher kognitiver
    Anforderungen gemäß des postulierten Stufenmodells

(1) Betrachtet man die jeweils erreichten Entwicklungsstufen
    als unabhängige und das Alter als abhängige Variable, so
    ergibt sich der in Abbildung 5 dargestellte Entwicklungs-
    verlauf für die Stufen I, III, IV und V (vgl. Tab.8). Die
    von uns konzipierte Stufe II ist unabhängig von der Item-

art nicht aufgetreten.
Es treten für die Stufen I, III bis V hochsignifikante Unterschiede bezüglich der Altersmediane auf bei beiden Itemarten. Qualitativ höherwertige Stufen des Verstehens kognitiver Anforderungen, die Stufen IV und V werden eindeutig zu einem späteren Zeitpunkt der Entwicklung erreicht.
Die Annahme einer Stufenfolge der Entwicklung (Hypothese 4) kann sowohl für Geschichten- als auch Aufgaben-Items für die aufgetretenen Stufen I, III bis V aufrechterhalten werden.

(2) Eine Analyse der Ergebnisse unter Berücksichtigung der kognitiven Bereiche Lernen, Erinnern und Problemlösen/Wahrnehmen ergibt in allen Bereichen ähnliche Entwicklungsverläufe bezüglich der Stufenfolge (vgl. Abb.6, Tab.9). In allen 3 Bereichen treten statistisch bedeutsame Unterschiede zwischen den angenommenen Entwicklungsstufen bezüglich des Alters auf.
Bei den Aufgaben-Items sind die Kinder auf den jeweiligen Stufen des Verstehens zum Teil jünger als bei den Geschichten-Items.
Insgesamt betrachtet ist das Ergebnis jedoch bei Geschichten- und Aufgaben-Items weitgehend ähnlich (vgl. Abb.6, Tab.9).

(3) Eine Analyse über die Altersgruppen erbrachte für beide Itemarten hochsignifikante Unterschiede bezüglich der erreichten Stufen des Verstehens unterschiedlicher kognitiver Anforderungen. Das Entwicklungsniveau geht mit dem Alter einher. Dies gilt für die Geschichten- und Aufgaben-Items generell wie auch für die Items der kognitiven Bereiche (vgl. Abb.7, Tab.10).

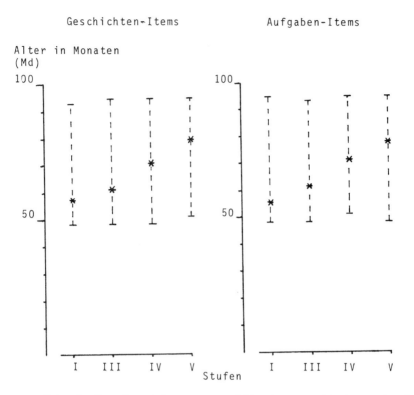

Abb. 5: Das Erreichen von qualitativ verschiedenen Stufen des Verstehens; angegeben sind Altersmedian in Monaten und Range

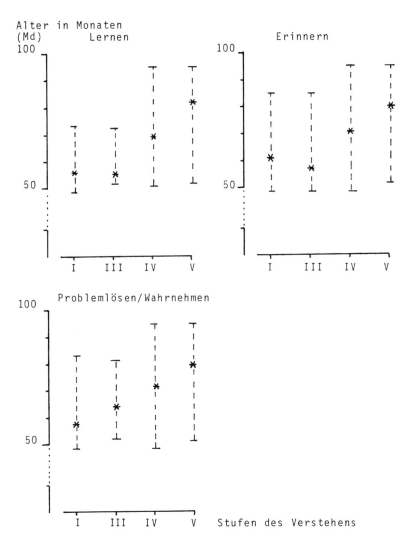

Abb. 6: Das Erreichen von qualitativ verschiedenen Stufen des Verstehens innerhalb der kognitiven Bereiche bei den Geschichten-Items; angegeben sind Altersmedian in Monaten und Range

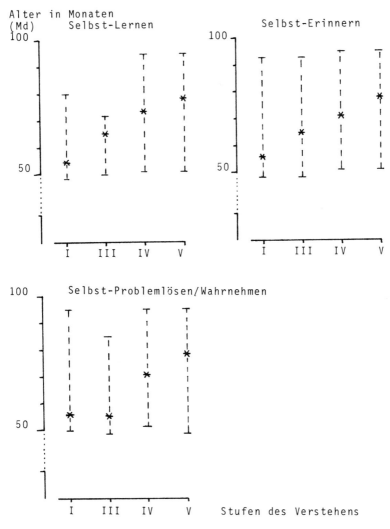

Abb. 6 ff.: Das Erreichen qualitativ verschiedener Stufen des Verstehens innerhalb der kognitiven Bereiche bei den Aufgaben-Items; angegeben sind Altersmedian in Monaten und Range

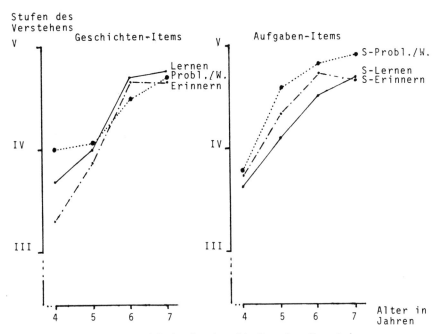

Abb. 7: Altersunterschiede in den Stufen des Verstehens
(Median-Werte) in den kognitiven Bereichen bei
Geschichten- und Aufgaben-Items (Lernen, Erinnern,
Problemlösen/Wahrnehmen; Selbst-Lernen, Selbst-Erinnern
Selbst-Problemlösen/Wahrnehmen)

(4) Innerhalb der Altersgruppen werden in fast allen kognitiven Bereichen bei den Aufgaben-Items bessere Werte erzielt als bei den Geschichten-Items (vgl. Abb.7, Tab.10/11). Dabei werden die Unterschiede zwischen den Werten, die einmal unter fiktiven und das andere Mal unter realen Bedingungen erzielt wurden, erst ab 5 Jahren statistisch bedeutsam.

Stellt man global die in allen Geschichten- und Aufgaben-Items erreichten Werte einander gegenüber, so treten sig-

nifikante Unterschiede bei 5- und 7jährigen auf, bei 6jährigen bestehen tendenziell signifikante Unterschiede (vgl. Tab.11).
Eine nach kognitiven Bereichen getrennt vorgenommene Analyse erbringt detailliertere Informationen (vgl. Tab.12):
5jährige Kinder weisen im Bereich Erinnern unter realen Bedingungen signifikant bessere Werte auf. Dasselbe gilt für 6- und 7jährige für den Bereich Problemlösen/Wahrnehmen. Weitere bessere Werte, die unter realen Bedingungen von den Altersgruppen erzielt wurden, müssen aufgrund mangelnder Signifikanzen Zufallsvariablen zugeschrieben werden.

Infolge dieses Ergebnisses können wir davon ausgehen, daß die Art der Problemvorgabe einen Einfluß auf das Qualitätsniveau des Erkennens und Verstehens hat.
Unsere Hypothese 5 kann daher als verifiziert betrachtet werden.

(5) Hinsichtlich des Entwicklungsniveaus in den kognitiven Bereichen treten innerhalb der Altersgruppen unter fiktiven Bedingungen keine statistisch bedeutsamen Unterschiede auf. (vgl. Tab.13).
4- und 5jährige Kinder zeichnen sich durch gutes Verständnis in den Bereichen Lernen und Problemlösen/Wahrnehmen aus. Für sie liegt folgende Rangreihe für die drei kognitiven Bereiche vor, aufsteigend geordnet nach dem durchschnittlich erreichten Verständnisniveau: Erinnern, Lernen und Problemlösen/Wahrnehmen.
6- und 7jährige Kinder hingegen tun sich vor allem durch gute Ergebnisse in den Bereichen Erinnern und Lernen hervor. Eine einheitliche Rangreihe läßt sich jedoch für diese beiden Altersgruppen nicht feststellen.

Unter realen Bedingungen ergeben sich innerhalb der Altersgruppen generell Unterschiede in den Werten für die Variable "Stufen des Verstehens" (in den kognitiven Bereichen).

Für 6- und 7jährige Kinder werden diese Unterschiede in den kognitiven Bereichen auf dem 1%- und 5%-Niveau signifikant (vgl. Tab.13).

Insgesamt betrachtet werden die besten Werte von allen 4 Altersgruppen im Bereich Selbst-Problemlösen/Selbst-Wahrnehmen erzielt. Im wesentlichen läßt sich übereinstimmend folgende aufsteigende Rangreihe für die in den drei kognitiven Bereichen erreichten Werte feststellen: <u>Selbst-Lernen</u>, <u>Selbst-Erinnern</u> und <u>Selbst-Problemlösen/Selbst-Wahrnehmen</u> (vgl. Abb.8, Tab.11).

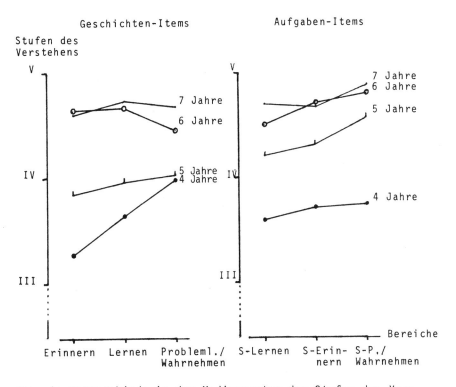

Abb. 8: Unterschiede in den Medianwerten der Stufen des Verstehens über die kognitiven Bereiche innerhalb der Altersgruppen

Zusammenfassend können wir sagen, daß innerhalb der Altersgruppen sowohl unter fiktiven als auch unter realen Bedingungen Rangreihen bezüglich der kognitiven Bereiche vorliegen. Die unter fiktiven Bedingungen erzielten Werte weisen jedoch keinen einheitlich hohen Zusammenhang mit den korrespondierenden, unter realen Bedingungen erhaltenen Werten auf.Die innerhalb der Altersgruppen jeweils aufgetretenen Rangreihen stimmen daher entgegen unseren Erwartungen unter fiktiven und realen Bedingungen nicht überein (vgl. Tab.34 Korrelationen bei Itemanalyse). Die Hypothese 6 scheint somit verifiziert, nicht jedoch Hypothese 7.

Für die Variable "Stufen des Verstehens" bleiben abschließend folgende Ergebnisse festzuhalten:

(a) Sowohl unter fiktiven als auch realen Bedingungen kann die Annahme einer Stufenfolge der Entwicklung aufrechterhalten werden. Mit zunehmendem Alter werden höhere Stufen des Verstehens kognitiver Anforderungen erreicht.

(b) Die erwähnte Stufenfolge der Entwicklung läßt sich in allen kognitiven Bereichen nachweisen. Die Ausprägung der erzielten Werte, d.h. die Fähigkeit zum Erkennen und Verstehen unterschiedlicher kognitiver Anforderungen, fällt für die einzelnen kognitiven Bereiche unterschiedlich aus.

(c) In fast allen kognitiven Bereichen werden innerhalb der Altersgruppen unter realen Bedingungen bessere Werte erzielt als unter fiktiven Bedingungen.

(d) Innerhalb der Altersgruppen lassen sich Rangreihen bezüglich der kognitiven Bereiche erstellen, wobei unter realen Bedingungen im wesentlichen übereinstimmend für alle 4 Altersgruppen folgende aufsteigende Rangreihe vorliegt: Lernen, Erinnern und Problemlösen/Wahrnehmen.

8.3 Optimales Erkennen und Verstehen kognitiver Anforderungen

Die bisher vorgestellten Ergebnisse stellen den günstigsten Entwicklungsverlauf dar, d.h. die bestmöglichen Antworten der Kinder bei zusätzlicher stufenweiser Befragung. Durch das unterstützende Hinführen zur individuell optimalen Antwort (vgl. Fragenschema S.46) gelangen auf allen Altersstufen mehr Kinder zu einer korrekten Beurteilung der unterschiedlichen kognitiven Anforderungen. Es erreicht damit ein weitaus höherer Prozentsatz von Kindern die Stufen IV und V des postulierten hypothetischen Entwicklungsverlaufs.
In alltäglichen Problemsituationen erhält ein Kind in der Regel keine derartigen Hilfestellungen. Vielmehr besteht der Normalfall darin, daß ein Kind selbständig problemrelevante Aspekte erkennen und eine angemessene Lösung finden muß.
Es war daher interessant zu sehen, wieviele Kinder einer Altersstufe selbständig, also ohne zusätzliche Befragung, unterschiedliche kognitive Anforderungen einer Situation und deren Folgen erkennen und benennen können. Zur Identifizierung solcher Versuchspersonen wurde für die folgende Datenanalyse ein strengeres Kriterium angelegt. Dabei wurde ein Wert von 1 gegeben, sofern ein Kind bei Vorgabe der Items jeweils die wesentlichen Unterschiede verbalisierte und die kognitiven Implikationen anführte und erläuterte, ohne daß eine stufenweise Befragung nötig war.
Dieses Kriterium wird von einer Teilmenge der Kinder erfüllt, deren Antworten den Stufen IV und V zugeordnet wurden. Abbildung 9 und Tabelle 14 zeigen die durchschnittlichen relativen Häufigkeiten von Antworten, die dieses Kriterium erfüllen, getrennt nach Altersgruppen.
Es ist ersichtlich, daß sowohl unter fiktiven als auch realen Bedingungen nur ein geringer Prozentsatz von Kindern das geforderte Kriterium erfüllt.
Wir erhalten bei beiden Itemarten signifikante Unterschiede hinsichtlich der Werteverteilung über die Altersgruppen (vgl. Tab.14). Unabhängig von der Problemvorgabe sind es vor allem

die 6- und 7jährigen Kinder, die tendenziell besser in der Lage sind, selbständig die in den Items dargestellten unterschiedlichen situativen Bedingungen und damit einhergehende kognitive Anforderungen zu erkennen und zu erklären.
Dieses Bild zeichnet sich auch in den 3 kognitiven Bereichen ab (vgl. Abb.10, Tab.15). Wobei jedoch lediglich unter fiktiven Bedingungen (bei den Geschichten-Items) signifikante Unterschiede hinsichtlich der Werteverteilung über das Alter vorliegen. Unter realen Bedingungen (bei den Aufgaben-Items) bewegen sich die Werte in Richtung einer Gleichverteilung, d.h. die Unterschiede in den Werten zwischen den Altersgruppen egalisieren sich unter realen Bedingungen mehr als unter fiktiven (vgl. Tab.15).
Eine Abweichung der Werte von der Gleichverteilung liegt unter realen Versuchsbedingungen nur für den kognitiven Bereich "Selbst-Erinnern" vor.

Auffallend ist, daß im Bereich "Lernen" sowohl unter fiktiven als auch realen Bedingungen die jüngeren Altersgruppen, d.h. die 4- und 5jährigen, ohne Unterstützung in Form von stufenweiser Befragung nicht in der Lage sind, eine optimale Antwort zu geben.

Insgesamt gesehen erhalten wir einen Hinweis dafür, daß die Itemart bzw. Versuchsbedingung auch für die Fähigkeit zum selbständigen "optimalen Erkennen und Verstehen" eine Rolle spielt.

Werden Items unter realen Versuchsbedingungen vorgegeben, so treten bezüglich der Werteverteilung über die Altersgruppen weniger signifikante Unterschiede auf als bei fiktiven Versuchsbedingungen. Wir können folglich davon ausgehen, daß sich Altersunterschiede weniger bemerkbar machen, wenn die Versuchspersonen konkret angesprochen werden.

Nimmt man einen getrennten Vergleich der Verteilung der relativen Häufigkeiten der Variablenausprägung 0 und 1 über die Altersgruppen unter dem Aspekt der Versuchsbedingung (Itemart) vor (s. Tab.16), so zeigt sich folgendes:

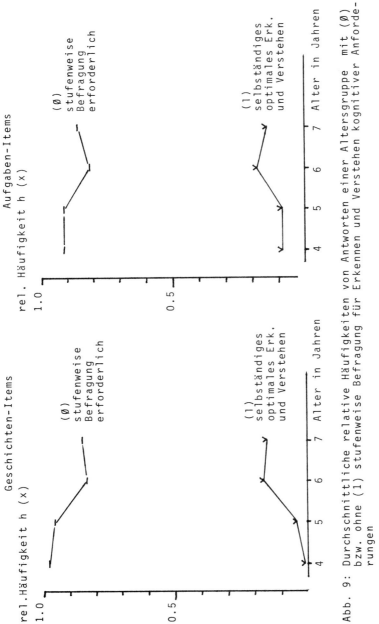

Abb. 9: Durchschnittliche relative Häufigkeiten von Antworten einer Altersgruppe mit (∅) bzw. ohne (1) stufenweise Befragung für Erkennen und Verstehen kognitiver Anforderungen

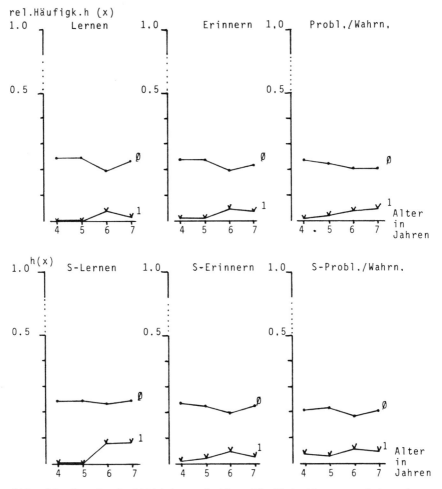

Abb. 10: Durchschnittliche relative Häufigkeiten von Antworten einer Altersgruppe, die ohne (1) und mit (∅) stufenweiser Befragung erfolgten; getrennt nach kognitiven Bereichen bei Geschichten- und Aufgaben-Items

a) für die Variablenausprägung Ø, d.h. stufenweise Befragung ist erforderlich, ergibt sich über die Altersgruppen hinweg eine nahezu vollständige Gleichverteilung;

b) für die Variablenausprägung 1, d.h. selbständiges "optimales Erkennen und Verstehen", liegt eine tendenziell leicht von der Gleichverteilung abweichende Werteverteilung vor. Es erkennen und verstehen vorwiegend 6- und 7jährige Kinder selbständig unterschiedliche kognitive Anforderungen. Die 7jährigen offensichtlich unabhängig von der Itemart, da sie unter beiden Bedingungen denselben Wert erzielen. Die 6jährigen können sich unter realen Bedingungen hingegen noch steigern (vgl. Tab.16).
Die 4- und 5jährigen Kinder besitzen die Fähigkeit zum "optimalen Erkennen und Verstehen" in geringerem Maß und ausgeprägter bei den Aufgaben-Items, also abhängig von der Itemart.
Der Faktor Untersuchungsbedingung erweist sich somit tendenziell als bedeutsam für selbständiges "optimales Erkennen und Verstehen".

Innerhalb der Altersgruppen zeigt eine Gegenüberstellung der bei Geschichten- und Aufgaben-Items erhaltenen Werte für die Fähigkeit zum selbständigen "optimalen Erkennen und Verstehen", daß bis zum Alter von 6 Jahren bei den Aufgaben-Items ein besseres Ergebnis erzielt wird als bei den Geschichten-Items. Eine Analyse der Werteverteilung unter Berücksichtigung des Faktors Itemart bzw. Untersuchungsbedingung erbringt jedoch lediglich für die 4jährigen eine tendenzielle Abweichung ($p \leq .08$) von der Gleichverteilung (vgl. Tab.17).
Es bleibt festzuhalten, daß für die Fähigkeit zum selbständigen "optimalen Erkennen und Verstehen" die Itemart bis zum Alter von 6 Jahren eine Rolle zu spielen scheint.

Eine Analyse der Werteverteilung innerhalb der Altersgruppen über die kognitiven Bereiche erbringt für alle Altersgruppen bei den Aufgaben-Items statistisch bedeutsame Abweichungen von

der Gleichverteilung. Dies ist nicht der Fall bei den Geschichten-Items (vgl. Tab.18).
Bei den Geschichten-Items, d.h. unter fiktiven Untersuchungsbedingungen, sind 5- und 6jährige am besten im Bereich Erinnern in der Lage, unterschiedliche kognitive Anforderungen selbständig zu erkennen und zu verstehen.
4- und 7jährige schneiden dagegen im Bereich Problemlösen/Wahrnehmen am besten ab (vgl. Tab.18).
Unter realen Bedingungen ergibt sich eine einheitliche aufsteigende Rangreihe für die drei kognitiven Bereiche, gültig für alle 4 Altersgruppen: Lernen, Erinnern, Problemlösen/Wahrnehmen (vgl. Abb.11, Tab.18).
Abschließend können wir zur Variablen selbständiges "optimales Erkennen und Verstehen" folgende Aussagen machen:

(a) Die Fähigkeit, selbständig und "optimal" kognitive Anforderungen zu erkennen und zu verstehen, nimmt unter beiden Versuchsbedingungen mit dem Alter zu. Dieses Bild wiederholt sich in den kognitiven Bereichen.

(b) Unter realen Bedingungen treten weniger signifikante Unterschiede bezüglich der Werteverteilung über die Altersgruppen auf.

(c) Eine Analyse zur Abhängigkeit des "optimalen Erkennens und Verstehens" von der Itemart bzw. Versuchsbedingung läßt erkennen, daß 4- bis 6jährige Kinder in dieser Variablen bei den Aufgaben-Items besser abschneiden als bei den Geschichten-Items. Die Art der Itemvorgabe scheint daher bis zum Alter von 6 Jahren eine gewisse Rolle zu spielen.

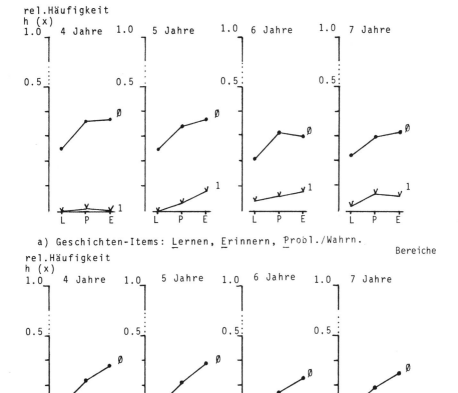

Abb. 11: Durchschnittliche relative Häufigkeiten von Antworten einer Altersgruppe, die ohne (1) bzw. mit (∅) stufenweiser Befragung erfolgten über die kognitiven Bereiche getrennt nach Alter

8.4 Unmittelbares optimales Erkennen und Verstehen kognitiver Anforderungen gemäß Entwicklungsstufen IV/V gegenüber Erkennen und Verstehen gemäß Entwicklungsstufen IV/V mittels stufenweiser Befragung

Ein Vergleich der Ergebnisse des selbständigen Erkennens und Verstehens mit jenen bei zusätzlicher stufenweiser Befragung für das Erreichen der Stufen IV/V des hypothetischen Entwicklungsverlaufs ergibt für Geschichten- und Aufgaben-Items folgendes Bild (vgl. Abb.12, Tab.20):

(a) Bei beiden Itemarten zeigt die obere Kurve den relativen Anteil aller Antworten, die den Stufen IV/V zugeordnet werden konnten. Es ist dabei ein Entwicklungsverlauf über das Alter erkennbar.

(b) Der relative Anteil von Antworten, die ohne zusätzliche stufenweise Befragung den Stufen IV/V zugeordnet werden konnten, spiegelt sich im unteren Kurvenverlauf. Hierbei zeigt sich ein Entwicklungsverlauf bis zum Alter von 7 Jahren.

Es wird deutlich, daß alle vier Altersgruppen sowohl unter fiktiven als auch realen Bedingungen vom Effekt der stufenweisen Befragung profitieren (vgl. Abb.13, Tab.21). Die relative Häufigkeit von Antworten gemäß der Stufen IV und V nimmt durch die stufenweise Befragung stark zu. Wobei der Effekt bei den Geschichten-Items, also unter fiktiven Bedingungen, stärker ist als bei den Aufgaben-Items.

Diese Tatsache spiegelt sich auch darin wider, daß sich bei den Geschichten-Items ein hochsignifikanter Unterschied bezüglich der Verteilung der Variablenausprägungen über die Altersgruppen ergibt, bei den Aufgaben-Items dagegen nicht (vgl. Tab.20).

Dieses Ergebnis betont einmal mehr die Bedeutung der Item-Vorgabebedingungen, d.h. ob fiktiv oder real, für das Qualitätsniveau der Antwort.

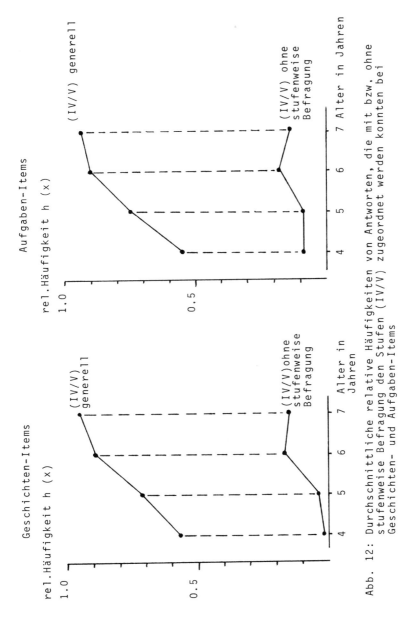

Abb. 12: Durchschnittliche relative Häufigkeiten von Antworten, die mit bzw. ohne stufenweise Befragung den Stufen (IV/V) zugeordnet werden konnten bei Geschichten- und Aufgaben-Items

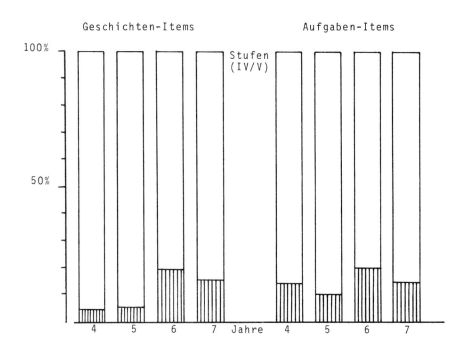

Abb. 13: Relativer Gewinn durch die stufenweise Befragung bei den einzelnen Altersgruppen für die Antworten der Stufen (IV/V) des Verstehens kognitiver Anforderungen

Die Analyse der Verteilung der Variablenwerte (Stufen IV/V mit bzw. ohne stufenweise Befragung) innerhalb der Altersgruppen unter Berücksichtigung der Versuchsbedingung ergibt keine signifikanten Unterschiede. Lediglich die 4jährigen weisen eine starke Verbesserung bei den Aufgaben-Items auf, die jedoch eine signifikante Abweichung von der Gleichverteilung knapp verfehlt (vgl. Tab.21).

Betrachtet man die Ergebnisse der Altersgruppen in den kognitiven Bereichen, d.h. nimmt man eine bereichsspezifische Analyse vor, so zeigt sich, daß unter fiktiven Bedingungen in allen drei kognitiven Bereichen statistisch bedeutsame Abweichungen von der Gleichverteilung vorliegen (vgl. Abb.14, Tab.22). Der Entwicklungsverlauf bleibt dabei in allen Bereichen unverändert.

Unter realen Bedingungen hingegen liegt nur im Bereich "Selbst-Erinnern" eine Abweichung von der Gleichverteilung vor. Für die restlichen beiden Bereiche erhalten wir hinsichtlich der Variablenausprägungen über die Altersgruppen Gleichverteilungen. Daraus folgt, daß unter realen Bedingungen in den Bereichen Selbst-Lernen und Selbst-Problemlösen/Selbst-Wahrnehmen das Alter hinsichtlich der Variablenausprägung keine so starke Rolle spielt wie unter fiktiven Bedingungen.

Die vorliegenden Ergebnisse verdeutlichen die Wirkung der Hilfestellung durch stufenweise Befragung, indem auf jeder Altersstufe ein enormer Zugewinn an optimalen Antworten ersichtlich wird. 6- und 7jährige steigern sich unabhängig von der Versuchsbedingung in ähnlichem Ausmaß, während 4- und 5jährige unter fiktiven Bedingungen einen erheblichen Nutzen daraus ziehen.

Insgesamt betrachtet läßt sich unsere Annahme (Hypothese 8), daß unter realen Bedingungen weniger Hilfen benötigt werden als unter fiktiven Bedingungen, bis zum Alter von 6 Jahren bestätigen.

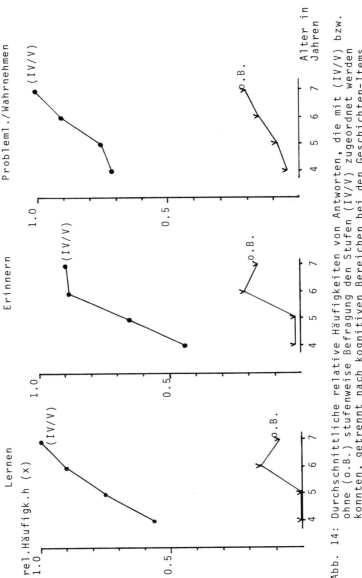

Abb. 14: Durchschnittliche relative Häufigkeiten von Antworten, die mit (IV/V) bzw. ohne (o.B.) stufenweise Befragung den Stufen (IV/V) zugeordnet werden konnten, getrennt nach kognitiven Bereichen bei den Geschichten-Items

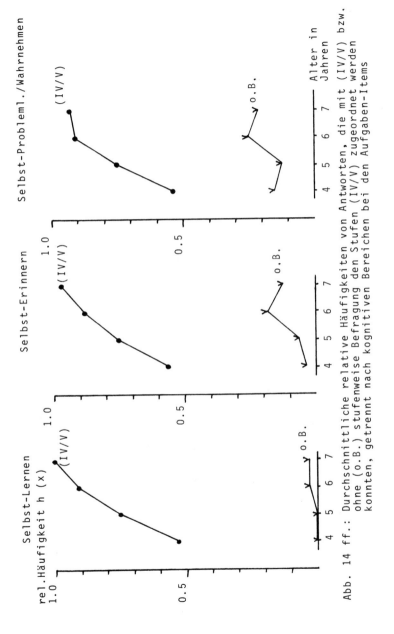

Abb. 14 ff.: Durchschnittliche relative Häufigkeiten von Antworten, die mit (IV/V) bzw. ohne (o.B.) stufenweise Befragung den Stufen (IV/V) zugeordnet werden konnten, getrennt nach kognitiven Bereichen bei den Aufgaben-Items

8.5 Lern- bzw. Übungseffekte

Für die Variablen "Stufen des Verstehens", "optimales Erkennen und Verstehen" und "Erkennen und Verstehen mit bzw. ohne stufenweise Befragung" wurden die in der ersten Hälfte der Items erzielten Werte denjenigen gegenübergestellt, die in der zweiten Hälfte erreicht wurden (jeweils 4 bzw. 5 Items). Diese Gegenüberstellung wurde sowohl bei den Geschichten-Items als auch den Aufgaben-Items vorgenommen, um zu prüfen, ob im Verlauf der Itemvorgabe ein Lern- bzw. Übungsprozeß stattfand.

8.5.1 Verbesserungen unter fiktiven Bedingungen

Für die Variable "Stufen des Verstehens" lassen sich bei keiner Altersgruppe signifikante Verbesserungen von der 1. zur 2. Hälfte der Itemvorgabe feststellen.

Die 4- und 5jährigen weisen statistisch unbedeutsame Verbesserungen auf, während sich die 6- und 7jährigen minimal verschlechtern (vgl. Abb.15, Tab.23).

Bezüglich der Variablen "optimales Erkennen und Verstehen" liegen hingegen für alle vier Altersgruppen Verbesserungen in der 2. Hälfte der Itemvorgabe vor. 4- und 5jährige weisen tendenziell signifikante und 6- und 7jährige auf dem 5%-Niveau signifikante Verbesserungen auf (vgl. Abb.15, Tab. 24).

Eine Analyse der Variablenwerte "Erkennen und Verstehen auf den Stufen IV/V" unter dem Aspekt "stufenweise Befragung notwendig bzw. unnötig" verdeutlicht den Zuwachs an Werten, die in der 2. Hälfte der Itemvorgabe ohne Hilfestellung erzielt wurden. Alle vier Altersgruppen weisen z.T. signifikante Verbesserungen auf (vgl. Abb.16, Tab.25): die 4- und 5jährigen tendenziell signifikant, die 6- und 7jährigen auf dem 5%-Niveau signifikant.

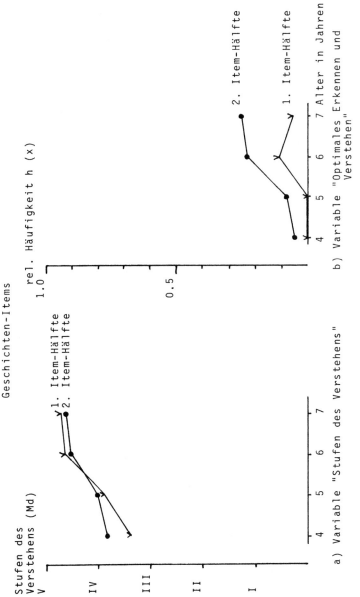

Abb. 15: Verbesserung der Werte in der 2. Hälfte der Items für die Altersgruppen bei den Geschichten-Items

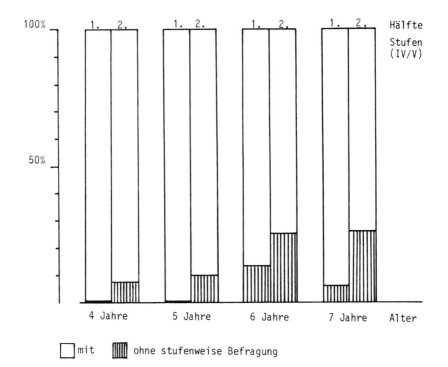

Abb.16: Durchschnittliche relative Häufigkeiten für das Erkennen und Verstehen auf den Stufen (IV/V) mit bzw. ohne stufenweise Befragung in der 1. und 2. Hälfte der Itemvorgabe bei den Geschichten-Items

8.5.2 Verbesserungen unter realen Bedingungen

Es ergeben sich für alle drei Variablen statistisch bedeutsame Verbesserungen in der 2. Hälfte der Itemvorgabe.
Für die Variable "Stufen des Verstehens" erhalten wir auf allen Altersstufen Verbesserungen, die jedoch nur für die Gruppe der 6- und 7jährigen statistisch bedeutsam werden (vgl. Abb.17, Tab.26).
Bezüglich der Variablen "optimales Erkennen und Verstehen" tre-

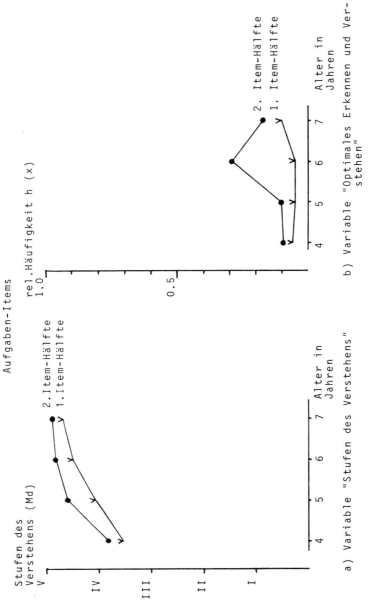

Abb. 17: Verbesserung in der 2. Hälfte der Items für die Altersgruppen bei den Aufgaben-Items

a) Variable "Stufen des Verstehens"

b) Variable "Optimales Erkennen und Verstehen"

ten ebenfalls auf allen Altersstufen Verbesserungen auf. Es verbessern sich in diesem Fall die 5- und 6jährigen überzufällig häufig (vgl. Abb.17, Tab.27).
Die Analyse der Variablenwerte "Erkennen und Verstehen auf den Stufen IV/V" unter dem Aspekt "stufenweise Befragung notwendig bzw. unnötig" verdeutlicht auch hier nochmals den Zuwachs an Werten, die in der 2. Hälfte der Itemvorgabe ohne Hilfestellung erzielt werden. Signifikante Verbesserungen sind jedoch nur in der Gruppe der 6jährigen zu verzeichnen (vgl. Abb.18, Tab.28).

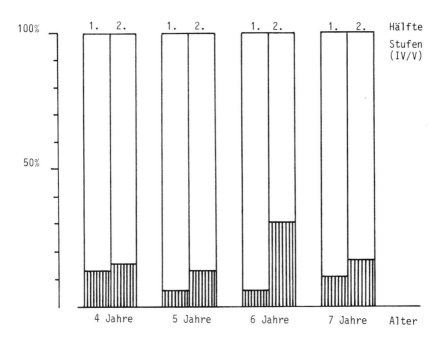

Abb. 18: Durchschnittliche relative Häufigkeiten für das Erkennen und Verstehen auf den Stufen (IV/V) mit bzw. ohne stufenweise Befragung in der 1. und 2. Hälfte der Itemvorgabe bei den Aufgaben-Items

Insgesamt betrachtet weisen die dargestellten Ergebnisse darauf hin, daß die Altersgruppen abhängig von der Problemvorgabe im Verlauf der Untersuchung lernen. Dies wird vor allem bei der Variablen "Erkennen und Verstehen auf den Stufen IV/V" deutlich, indem unter fiktiven Bedingungen in der 2. Hälfte der Items nicht mehr in dem Maße stufenweise Befragung erforderlich ist wie in der 1. Hälfte. Unter realen Bedingungen, d.h. bei den Aufgaben-Items, ist der Unterschied von 1. zu 2. Hälfte nicht derart gravierend. Daraus kann geschlossen werden, daß es unter fiktiven Bedingungen gerade im Alter von 4 und 5 Jahren nicht von Anfang an klar ist, was verlangt wird. Unter realen Bedingungen scheint dies eher der Fall zu sein bzw. ist die Einschätzungs- und Beurteilungsfähigkeit früher ausgebildet. Somit kann Hypothese 8 auch in diesem Auswertungspunkt beibehalten werden.

8.6 Itemanalyse

Zur Ermittlung des allgemeinen Schwierigkeitsgrades der Items (in unserem Fall der erreichte Medianwert) sowie der Itemkorrelationen, Trennschärfekoeffizienten und der "Inneren Konsistenz" wurden die Itemwerte der Gesamtstichprobe bezüglich der Variablen "Stufen des Verstehens" herangezogen.

Die Items der drei kognitiven Bereiche Lernen, Erinnern und Problemlösen/Wahrnehmen unterscheiden sich allgemein im Schwierigkeitsgrad nur gering voneinander.
Folgende Items scheinen etwas schwieriger zu sein als die übrigen Items:
(1) Geschichten-Items: Einkaufen remember vs. recall
                         Liedlernen
                         Auftrag des Großvaters
(2) Aufgaben-Items: Einkaufen remember vs. recall
                         Clown anmalen
                         Muster legen

Betrachtet man die Items in den Altersgruppen, so zeigt sich, daß die Items für die Altersgruppen 4 und 5 Jahre noch zu differenzieren vermögen, aber für die 6- und 7jährigen einen ähnlich geringen Schwierigkeitsgrad aufweisen (vgl. Tab.29). Aufgaben-Items, also Items, die unter realen Bedingungen vorgegeben wurden, weisen einen geringeren Schwierigkeitsgrad auf als Geschichten-Items. Diese Aussage gilt generell und für die Altersgruppen.

Die Items 'Labyrinth', 'Papierbecher falten' und 'Bildkarten erinnern' aus der Rubrik der Aufgaben-Items weisen in allen Altersgruppen einen geringen Schwierigkeitsgrad auf, während die Items 'Einkaufen remember vs. recall', 'Papierhut falten' und 'Liedlernen' (Geschichten-Items) schwieriger zu beantworten sind, wobei es jedoch vor allem die jüngeren Kinder sind (4- und 5jährige), denen die Geschichten-Items mehr Schwierigkeiten bereiten (vgl. Tab.30).

Als schwierigste Items weisen die Items 'Einkaufen remember - recall' (Geschichten-Item) und 'Einkaufen remember - recall' (Aufgaben-Item) auch die geringsten Korrelationen mit den übrigen Items der jeweiligen Art auf und haben die geringsten Trennschärfekoeffizienten (vgl. Tab.31, 32).
Die höchsten Korrelationen mit den Items der jeweiligen Itemform weisen die Items 'Sesamstraße' (Geschichten-Item) und 'Cassette anhören' (Aufgaben-Item) auf, die auch die höchsten Trennschärfekoeffizienten haben. Wobei 'Sesamstraße' im Rahmen der Geschichten-Items ein Item mit hoher Lösungswahrscheinlichkeit ist (vgl. Tab. 31, 32).

Die Items weisen hohe Werte für "Innere Konsistenz" auf. Bei den Aufgaben-Items liegt der Wert für "Innere Konsistenz" allgemein und bereichsspezifisch höher als bei den Geschichten-Items. Die getrennte Analyse für die kognitiven Bereiche zeigt, daß die "Innere Konsistenz" bei den Geschichten-Items im Bereich Lernen und bei den Aufgaben-Items im Bereich Selbst-Problemlösen/Wahrnehmen den höchsten Wert erreicht (vgl. Tab.33).

8.7 Korrespondierende Itembereiche

Betrachtet man die Korrelationen der von uns als korrespondierend postulierten Itembereiche, so zeigt sich, daß lediglich die Bereiche Problemlösen/Wahrnehmen - Selbst Problemlösen/Wahrnehmen verhältnismäßig hoch korrelieren (KENDALL .58), bezogen auf die Gesamtstichprobe und die Altersgruppen 4 und 5 Jahre (vgl. Tab. 34).

Hinsichtlich der Altersgruppen können wir bei den 4- und 7jährigen von mittleren Korrelationen der erreichten Werte in der Variablen "Stufen des Verstehens" in den korrespondierenden Itembereichen sprechen (Tab.34). Die 4jährigen weisen vergleichsweise hohe Übereinstimmung in den Bereichen Erinnern und Problemlösen/Wahrnehmen auf, die 5jährigen lediglich im Bereich Problemlösen/Wahrnehmen und die 7jährigen weisen eine bescheidene Übereinstimmung in den Bereichen Lernen und Problemlösen/Wahrnehmen auf. Bei den 6jährigen erhalten wir praktisch keinen Zusammenhang in der Beantwortung korrespondierender Items.

Da sich die korrespondierenden Itembereiche aus den korrespondierenden Items zusammensetzen, wurden diese noch auf ihre jeweiligen korrelativen Zusammenhänge hin analysiert.
Es weisen 4 Itempaare relativ hohe Korrelationen auf. Es handelt sich um jeweils zwei Itempaare aus den Bereichen Lernen und Problemlösen/Wahrnehmen: "Liedlernen-Clown anmalen", "Sesamstraße - Cassette anhören" (Lernen) und "Papier falten", "Mosaik legen - Muster legen" (Problemlösen/Wahrnehmen) (vgl. Tab.35).
Für die Altersgruppen rangieren korrespondierende Items aus dem Bereich Problemlösen/Wahrnehmen einheitlich an erster Stelle, gefolgt von Items aus dem Bereich Lernen. Erst an sechster Stelle folgen für die Altersgruppen korrespondierende Items aus dem Bereich Erinnern (vgl. Tab.36, 37).
Es zeigt sich, daß nicht generell die von uns als korrespondierend zusammengestellten Items auch die höchsten Korrelationen miteinander aufweisen. Häufig weisen die Items eines Bereichs untereinander und mit artverwandten Items eines anderen Be-

reichs hohe Korrelationen auf. Beispielsweise korreliert das Aufgaben-Item "Bildkarten erinnern" hoch mit den Geschichten-Items "Liedlernen" und "Sesamstraße" aus dem Bereich Lernen, "Einkaufen" aus dem Bereich Erinnern und "Bild zeichnen" aus dem Bereich Problemlösen/Wahrnehmen. Das Geschichten-Item "Liedlernen" korreliert hoch mit den Aufgaben-Items "Cassette anhören" aus dem eigenen Bereich Lernen, "Bildkarten erinnern" aus dem Bereich Erinnern und "Labyrinth" aus dem Bereich Problemlösen/Wahrnehmen (vgl. Tab.35).

Wir können insgesamt sagen, daß die Korrelationen korrespondierender Itembereiche und Items nicht mit dem Alter ansteigen. Es ergibt sich kein einheitliches Bild bezüglich Zu- oder Abnahme von Korrelationen. Unsere Hypothese 7 läßt sich somit nicht aufrechterhalten. Am beständigsten erweisen sich die korrespondierenden Items "Liedlernen-Clown anmalen" (Lernen), "Papierfalten" (Problemlösen/Wahrnehmen) und "Mosaik-Muster legen" (Problemlösen/Wahrnehmen) bezogen auf die Gesamtstichprobe (Tab.36). In den Altersgruppen erreicht lediglich das Itempaar "Papierfalten" aus dem Bereich Problemlösen/Wahrnehmen beständig hohe Korrelationen. Das Itempaar "Liedlernen-Clown anmalen" aus dem Bereich Lernen gibt sich vergleichsweise bescheiden aus.

8.8 Zusammenhang zwischen kognitivem Wissen und tatsächlicher Leistung im Bereich Erinnern

Eine weitere Datenanalyse verdeutlicht, daß die Items der kognitiven Bereiche allgemeines Wissen abfragen. Denn in keinem kognitiven Bereich ist Metawissen, wie es in den Geschichten-Items erfaßt wird, notwendige Voraussetzung, um die Fragen zu den Aufgaben-Items korrekt zu beantworten und umgekehrt (vgl. Tab.38). Auch wenn das Wissen in einem kognitiven Bereich gemäß der Befragung nicht ausgebildet zu sein scheint, können die dazugehörigen Aufgaben-Items bis zu einem bestimmten Prozentsatz korrekt ausgeführt und beantwortet werden.

Tabelle 38: Zusammenhang zwischen kognitivem Wissen unter fiktiven und realen Bedingungen in den kognitiven Bereichen (Wissen gemäß (+) bzw. nicht gemäß (-) den Stufen IV/V; absolute und prozentuale Häufigkeiten)

(a) Gesamtstichprobe

	Lernen (fikt.Bed.)		Erinnern (fikt.Bed.)		Probleml./Wahrn. (fikt. Bed.)	
	+	-	+	-	+	-
reale +	104 / 40%	26 / 10%	152 / 39%	43 / 11%	203 / 45%	57 / 12%
Beding. -	105 / 40%	25 / 10%	139 / 36%	56 / 14%	164 / 36%	31 / 7%

(b) Altersgruppen

4 Jahre

	+	-	+	-	+	-
reale +	17 / 27%	15 / 23%	27 / 28%	21 / 22%	34 / 30%	30 / 27%
Beding. -	18 / 28%	14 / 22%	21 / 22%	27 / 28%	34 / 30%	14 / 13%

5 Jahre

	+	-	+	-	+	-
reale +	24 / 38%	8 / 12%	36 / 38%	12 / 12%	48 / 43%	16 / 14%
Beding. -	24 / 38%	8 / 12%	31 / 32%	17 / 18%	36 / 32%	12 / 11%

6 Jahre

	+	-	+	-	+	-
reale +	29 / 45%	3 / 5%	42 / 44%	6 / 6%	58 / 52%	6 / 5%
Beding. -	29 / 45%	3 / 5%	42 / 44%	6 / 6%	43 / 38%	5 / 5%

7 Jahre

	+	-	+	-	+	-
reale +	34 / 50%		47 / 46%	4 / 4%	63 / 53%	5 / 4%
Beding. -	34 / 50%		47 / 44%	6 / 6%	51 / 43%	

Tabelle 39: Kognitives Wissen gemäß den Stufen IV/V bzw. irrelevante Antwort in den Bereichen Erinnern-Selbsterinnern in Zusammenhang mit der Erinnerungsleistung (weniger oder mehr als 4 erinnerte Dinge von 5); absolute und prozentuale Häufigkeiten

(a) <u>Gesamtstichprobe</u>

erinnerte Gegenstände		Gedächtniswissen gemäß IV/V (+)	irrel. (−)
	≥ 4	46 12%	12 3%
	< 4	245 63%	87 22%

(b) Altersgruppen

<u>4 Jahre</u>

erinnerte Gegenstände		+	−
	≥ 4	7 7%	6 6%
	< 4	41 43%	42 44%

<u>5 Jahre</u>

erinnerte Gegenstände		+	−
	≥ 4	11 12%	3 3%
	< 4	56 58%	26 27%

<u>6 Jahre</u>

erinnerte Gegenstände		+	−
	≥ 4	12 13%	3 3%
	< 4	72 75%	9 9%

<u>7 Jahre</u>

erinnerte Gegenstände		+	−
	≥ 4	16 16%	0
	< 4	76 74%	10 10%

Erst wenn im Rahmen eines Aufgaben-Items eine spezifische Leistung gefordert wird, ergeben sich eindeutigere Zusammenhänge. Beim Aufgaben-Item "Bildkarten erinnern" aus dem Bereich Erinnern wurde im Anschluß an die Fragen des Fragenschemas (s.Seite 46) noch die tatsächliche Erinnerungsleistung jeder Versuchsperson erhoben. Es zeigte sich, daß die Erinnerungsleistung im Zusammenhang mit dem Wissen im Bereich Erinnern steht. So erinnerten in allen Altersgruppen nur diejenigen Versuchspersonen vier bzw. alle fünf Bildkarten korrekt, die bezüglich der Fragen zu den Items aus dem Bereich Erinnern qualitativ hochstehende Antworten (Antworten gemäß den Stufen IV/V) geben konnten. Folglich steht die Leistung in dieser Erinnerungsaufgabe in engem Zusammenhang mit dem Wissen bezüglich des Bereichs Erinnern: das Wissen ist notwendige Voraussetzung in diesem Fall (vgl. Tab.39).

9. Interpretation und Diskussion der Ergebnisse

Im folgenden sollen die Untersuchungsergebnisse unter Berücksichtigung der Hypothesen nochmals im wesentlichen dargestellt und diskutiert werden. Vorausschickend können wir sagen, daß unsere Hypothesen großenteils bestätigt werden.

9.1 Interpretation und Diskussion der Ergebnisse zu Hypothese 1

In Hypothese 1 nehmen wir an, daß die Schwierigkeitsfrage P1 auf allen Altersstufen zu einem höheren Prozentsatz korrekt beantwortet und begründet werden kann als die Unterschiedsfrage, da durch die Aufforderung zur Schwierig-einfach-Zuordnung ein Hinweis auf die Unterschiedlichkeit der Situationen und auf ein Beurteilungskriterium gegeben wird. Die Ergebnisse der Datenanalyse bestätigen, daß die Schwierigkeitsfrage unter realen Bedingungen von allen Altersgruppen besser als oder vergleichbar mit der Unterschiedsfrage beantwortet und begründet wird.

Der Übergang von falschen zu optimalen Antworten erfolgt unter realen Bedingungen bei der Schwierigkeitsfrage mit ca. 5 Jahren 2 Monaten und damit früher als bei der Unterschiedsfrage. Die Annahme, daß durch die Vorgabe des Schwierigkeitskriteriums gewissermaßen ein Hinweis auf die Unterschiedlichkeit der Situationen gegeben und somit die Beantwortung erleichtert wird, scheint unter realen Bedingungen bestätigt. Unter fiktiven Bedingungen hingegen wird die Unterschiedsfrage früher in Verbindung mit allen Konsequenzen der Situationsanforderungen beantwortet als die Schwierigkeitsfrage. Möglicherweise werden bei den Geschichten-Items mehr Inferenzprozesse wirksam, so daß Konsequenzen schneller antizipiert werden. Die Schlußfolgerungen könnten spontan vollzogen werden im Sinne automatisch ablaufender Anstrengungen in bezug auf das Verstehen (vgl. PARIS & LINDAUER, 1977). Da die Kinder sofort befragt werden, ohne die zwischengeschobene Aktivität einer Bearbeitung des Items, könnte eher auf Gedächtnisprozesse zurückgegriffen werden, die das Ergebnis der unmittelbaren Interpretation der aufgenommenen Information sind. Die Versuchsperson würde infolgedessen über die erhaltene Information hinausgehen und früher erworbenes Wissen einfügen (vgl. CAVANAUGH & PERLMUTTER, 1982). Das würde auch darauf hinweisen, daß (1) das Zurückgreifen auf Information, also Erinnern, "(...) keine vollständig unabhängige Funktion (innehat), die gänzlich verschieden ist von Wahrnehmen, Vorstellen oder sogar konstruktivem Denken, sondern zu allen enge Beziehungen aufweist" (BARTLETT, 1932, S.13, übersetzt v.d.Verfasserin, zit. nach PARIS & LINDAUER, 1977); (2) unter fiktiven Bedingungen die Bedeutung des Wissens einer Person über Denken und kognitive Variablen deutlich hervortritt.

Bei den Aufgaben-Items ist durch die Ankündigung, daß das Kind selbst gleich eine Aufgabe ausführen soll (s.S.47), eventuell das Arbeitsgedächtnis anderweitig belastet, so daß keine weitreichenden Schlußfolgerungen hinsichtlich der Aufgabenanforderungen in Gang gesetzt werden. Durch die unmittelbar bevorstehende Aufgabenausführung könnten Inferenzprozesse behindert werden. Die Versuchsperson ergänzt dann die erhaltenen Informationen nicht. Es werden keine zusätzlichen, oftmals idiosynkratischen Beziehungen hergestellt,und es kommt zu keiner tiefgründigeren Informationsverarbeitung.

9.2 Interpretation und Diskussion der Ergebnisse zu Hypothese 2

In Hypothese 2 wird davon ausgegangen, daß die Schwierigkeitsfrage P1 zu einem verhältnismäßig frühen Zeitpunkt auf dem Entwicklungskontinuum korrekt beantwortet und begründet werden kann, unabhängig von der Vorgabebedingung, die Entscheidungsfrage hingegen zu einem sehr späten Zeitpunkt.

Die erhaltenen Ergebnisse rechtfertigen diese Annahme insofern, als die Entscheidungsfrage ("Was willst Du tun?"), die unter realen Bedingungen gestellt wird, am spätesten korrekt beantwortet und begründet wird. Der Übergang von falschen zu optimalen Antworten erfolgt erst mit ca. 5 3/4 Jahren, bei der Schwierigkeitsfrage P1 dagegen unter realen Bedingungen bereits mit ca. 5 1/4 Jahren. Eine Ursache hierfür könnte ebenfalls die Störung von Inferenzprozessen sein, die wir bei der Ergebnisdiskussion zu Hypothese 1 schon erwähnten. Ein weiterer Grund könnte jedoch auch in der Tatsache zu sehen sein, daß die Entscheidungsfrage keinerlei Hinweise auf ein mögliches Beurteilungskriterium enthält, im Gegensatz zu den Fragen nach "Unterschied" und "Schwierigkeit". Damit stellt die Entscheidungsfrage die höchsten Anforderungen an das Wissen der Versuchsperson. Sie muß bei dieser Frage die Situation generell betrachten, für sich eine Wahl treffen und diese begründen. Die Kriterien, die in diese Begründung eingehen, spiegeln in klarster Weise den Entwicklungsstand des Kindes bezüglich seines kognitiven Wissens wider. Es kann ohne Einschränkung alle Begründungen nennen und wird nicht festgelegt, während bei der Unterschieds- und der Schwierigkeitsfrage durch "Unterschied/gleich" bzw. "schwierig/einfach" bereits Rahmenbedingungen vorgegeben sind. Die Entscheidungsfrage ("Was willst Du tun?") stellt daher eine schwie-

rigere Frage dar als die Unterschieds- oder die Schwierigkeitsfrage, was sich auch im Ergebnis widerspiegelt: der Übergang von falscher zu optimaler Antwort erfolgt weitaus später als bei den genannten Fragen.
Die aufgeführten Überlegungen und die Möglichkeit, daß Inferenzprozesse behindert wurden aufgrund bevorstehender Aktivitäten, könnten erklären, weshalb die Entscheidungsfrage zum spätesten Zeitpunkt auf dem Entwicklungskontinuum richtig beantwortet und begründet wird.

9.3 Interpretation und Diskussion der Ergebnisse zu Hypothese 3

Hypothese 3 besagt, daß Versuchspersonen, die bereits die Unterschiedsfrage korrekt beantwortet und begründet haben, auch die Schwierigkeitsfrage korrekt beantworten und begründen werden, dies jedoch nicht zwangsläufig umgekehrt der Fall sein dürfte (vgl. Hypothese 1).

Die Datenanalyse ergab, daß unter fiktiven Bedingungen 78% und unter realen Bedingungen 81% der Versuchspersonen, die die Unterschiedsfrage korrekt beantwortet und begründet hatten, auch die Schwierigkeitsfrage korrekt beantworten und begründen. Es geben jedoch unter fiktiven Bedingungen 12% und unter realen Bedingungen 15% der Versuchspersonen, die die Schwierigkeitsfrage korrekt beantwortet und begründet hatten, falsche Antworten bei der zuvor gestellten Unterschiedsfrage. Dieses Ergebnis bestätigt unsere Hypothese 3 und liefert einen Beleg für die Bedeutung der Frage nach einem "Unterschied". Wie das Untersuchungsergebnis zeigt, nimmt man ca. 80% der Versuchspersonen die Chance, das entscheidende Unterschiedskriterium zwischen den Situationen selbständig herauszustellen, wenn man sofort die Frage nach dem Schwierigkeitsgrad der Situation stellt. Unsere Ergebnisse deuten darauf hin, daß bereits mit 5 Jahren die Kinder sehr gut in der Lage sind, relevante unterscheidende Merkmale deutlich herauszustellen. Unterscheidende Merkmale,

die darüber hinaus noch die Konsequenzen für geistige Aktivitäten beinhalten, werden vor allem von den Altersstufen 6 und 7 Jahre genannt. Es mag hier das Phänomen der relativen "Einfachheit Unterschiede zu erkennen" auftreten. PIAGET (1981) weist darauf hin, daß "Ähnlichkeiten" zwischen "Dingen" nicht ohne weiteres genannt werden können, während "Unterschiede" sehr wohl bewußt sind. Es sind in erster Linie Veränderungen, die die Aufmerksamkeit erregen und Denkprozesse entfachen, da sie häufig eine Anpassung oder zumindest eine Auseinandersetzung von unserer Seite aus verlangen. Die Verschiedenheit von Gegenständen oder Situationen fällt eher ins Auge, da sie objektiv ist. Die Ähnlichkeit hingegen ist subjektiv. "(Ähnlichkeit) ist ganz vom Denken hervorgebracht oder vielmehr durch die Identität unserer Reaktionen gegenüber diesen Gegenständen. Der Unterschied ist im Gegensatz dazu objektiv, d.h. liegt in den Dingen selbst" (PIAGET, 1981, S.150).
Unter realen Bedingungen werden, unabhängig vom Alter, mehr korrekte Antworten und Begründungen auf die Unterschieds- wie auch die Schwierigkeitsfrage gegeben. Es treten aber keine signifikant bedeutsamen Unterschiede auf im Vergleich mit den unter fiktiven Bedingungen erzielten Werten.

9.4 Interpretation und Diskussion der Ergebnisse zu den Hypothesen 4 bis 6

Die Hypothesen 4, 5 und 6 beziehen sich alle auf die Fähigkeit zum Erkennen und Verstehen unterschiedlicher kognitiver Anforderungen. Sie sollen daher unter einem Punkt zusammengefaßt und übergreifend interpretiert und diskutiert werden.

In <u>Hypothese 4</u> nehmen wir an, daß sich die Entwicklung des Erkennens und Verstehens unterschiedlicher kognitiver Anforderungen stufenweise vollzieht. Die Denkentwicklung folgt danach den von uns postulierten fünf Stufen, die sich hinsichtlich der Qualität des Erkennens und Verstehens voneinander unterscheiden.

Es wird erwartet, daß mit zunehmendem Alter immer höhere Stufen des Verstehens erreicht werden. Es zeigt sich, daß die Entwicklung des Erkennens und Verstehens unterschiedlicher kognitiver Anforderungen den von uns formulierten Stufen I bis V folgt, mit Ausnahme der Stufe II, die unter keiner Untersuchungsbedingung auftritt. Mit zunehmendem Alter werden qualitativ höhere Stufen des Verstehens erreicht. Die niedrigeren Stufen werden eher von 4- und 5jährigen und die höherstehenden Stufen von 6- und 7jährigen Kindern erreicht. Der Entwicklungsverlauf ist für fiktive und reale Bedingungen identisch und somit unabhängig von der Problemvorgabe.

Hypothese 5 besagt, daß die Fähigkeit zum Erkennen und Verstehen unterschiedlicher kognitiver Anforderungen von den Untersuchungsbedingungen abhängig sein wird. Es wird angenommen, daß sich die Aufgaben-Items durch bessere Ergebnisse auf allen Altersstufen, vor allem den beiden ersten, auszeichnen werden.

Ein globaler Vergleich der in den Geschichten- und Aufgaben-Items erzielten Werte zeigt bei allen Altersgruppen bessere Werte unter realen als unter fiktiven Bedingungen. Für 5- und 7jährige erhalten wir signifikante Unterschiede. Bei den 6jährigen ist die Signifikanz knapp verfehlt und liegt bei 4jährigen gar nicht vor. Dieses Ergebnis bestätigt unsere Hypothese 5, beinhaltet aber die Einschränkung, daß sich nicht vorrangig die Altersgruppen 4 und 5 Jahre durch bessere Werte auszeichnen.

Hypothese 6 drückt die Annahme aus, daß die Fähigkeit zum Erkennen und Verstehen unterschiedlicher kognitiver Anforderungen für die kognitiven Bereiche nicht identisch sein wird. Die Stufenfolge der Entwicklung des Erkennens und Verstehens läßt sich in jedem der kognitiven Bereiche Lernen, Erinnern und Problemlösen/Wahrnehmen nachweisen. Es treten indessen, wie erwartet, Unterschiede in der Ausprägung erzielter Werte und damit in der Fähigkeit zum Erkennen und Verstehen unterschiedlicher kognitiver Anforderungen in den einzelnen Bereichen auf. Generell besitzen jedoch alle Versuchspersonen ein

Verständnis für den Einfluß von Aspekten wie Menge, Lärm, Aufmerksamkeit und Konzentration auf die Leistung über die drei kognitiven Bereiche, wobei sich das Verständnis für die genannten Aspekte äußerst bemerkenswert ähnelt. Mit diesem Ergebnis kommen wir dem Hauptergebnis der Untersuchung von YUSSEN & BIRD (1979) nahe. Ihre Studie konnte als erste empirisch belegen, daß Kinder gemeinsame Metakognitionen für verschiedene kognitive Aktivitäten besitzen.

Unter fiktiven Bedingungen schneiden die beiden jüngeren Altersgruppen in den Bereichen Lernen und Problemlösen/Wahrnehmen am besten ab, die beiden älteren Altersgruppen in den Bereichen Lernen und Erinnern.

Unter realen Bedingungen werden von allen vier Altersgruppen im Bereich Problemlösen/Wahrnehmen die besten Werte erreicht. Wir erhalten kein übereinstimmendes Ergebnis für die beiden Untersuchungsbedingungen.
In den Items der genannten Bereiche werden möglicherweise Situationen dargestellt, die Kinder verhältnismäßig früh in ihrem täglichen Leben kennenlernen. Die Situationen betreffen die Aufgabenaspekte "Lärm", "Materialmenge", "Hilfestellung" und "Konzentration/Aufmerksamkeit". Laut WELLMAN (1977) wird der Schwierigkeitsgrad einer ganzen Reihe unterschiedlichster Aufgaben von genau diesen Aspekten beeinflußt. Es überrascht daher nicht, wenn Kinder bei speziellen Aufgaben erfolgreich sind, sofern sie zur Beurteilung des Schwierigkeitsgrades allgemeingültige Maßstäbe anwenden können, die ihnen vertraut sind.

Vergleicht man die Ergebnisse zu "Stufen des Verstehens" mit denjenigen für "optimales Erkennen und Verstehen" kognitiver Anforderungen, so zeigt sich, daß die Werte für die Variable unter beiden Versuchsbedingungen mit dem Alter ebenfalls zunehmen (vgl. Hypothese 4). Dabei werden bis zum Alter von einschließlich 6 Jahren unter realen Bedingungen bessere Ergebnisse erzielt als unter fiktiven Bedingungen (vgl. Hypothese 5). Es treten unter realen Bedingungen überdies weniger signifikan-

te Unterschiede bezüglich der Werteverteilung über die Altersgruppen auf. Dieses Ergebnis läßt sich darauf zurückführen, daß die 4- und 6jährigen Kinder unserer Stichprobe bei den Aufgaben-Items besser abschneiden als bei den Geschichten-Items. Das heißt, jüngere Kinder können situative Merkmale und damit einhergehende kognitive Anforderungen sehr gut erkennen, wenn sie direkt mit der Situation konfrontiert werden. Sobald aktiv Wissen eingesetzt werden kann, im Sinne von jedwelchen Beziehungen zwischen dem zu bearbeitenden Material herstellen, führt das zum Einsatz effizienter Strategien und zu besserer Leistung. Die zunehmende Wissensbasis mag ebenfalls zum Einsatz verfeinerter Strategien führen (vgl. NAUS & ORNSTEIN, 1981). Bei direkter Aufgabenkonfrontation identifizieren die Kinder einige Gegebenheiten bzw. Faktoren als handlungsbeeinträchtigend oder -fördernd, weil sie deren Konsequenzen für das Tun selbst erleben (vgl. FLAVELL & WELLMAN, 1977).
Auch YUSSEN & BIRD (1979) weisen bei der Diskussion ihrer Untersuchungsergebnisse auf den wesentlichen Einfluß vorausgegangener Erfahrung auf Handlungsergebnisse und Leistung im allgemeinen hin. Der Bekanntheitsgrad einer Aufgabe spielt eine wichtige Rolle für das zu erreichende Ergebnis (vgl. BARON & TREIMAN, 1980). Versuchspersonen unterscheiden sich häufig im Bekanntheitsgrad mit der Variablen, die im Experiment untersucht wird, und der Bekanntheitsgrad beeinflußt wiederum den Untersuchungsgegenstand. Das Problem mit der Vertrautheit tritt vor allem beim Vergleich jüngerer mit älteren Kindern auf, da ältere Kinder praktisch schon definitionsgemäß mit allem vertrauter sind, wie BARON & TREIMAN (1980) betonen. Es besteht daher die Gefahr, daß viele Ergebnisse mit wachsender intellektueller Entwicklung erklärt werden, obwohl lediglich Vertrautheitseffekte vorliegen. Zum Beispiel weist FLAVELL (1970) darauf hin, daß zunehmende Vertrautheit mit den in Gedächtnisaufgaben benutzten Stimuli der Grund für den mit dem Alter zunehmenden Gebrauch von Gedächtnisstrategien sein könne.

Für 7jährige Kinder scheint die Urteilsfähigkeit nicht mehr
von der Art der Vorgabe, d.h. vom Untersuchungskontext, abhängig zu sein. Sie erreichen unter beiden Bedingungen vergleichbare Ergebnisse. Das schlechtere Abschneiden der jüngeren Altersgruppen unter den verschärften Kriterien des optimalen Erkennens und Verstehens könnte eventuell auf weniger ausgeprägte Verbalfähigkeit zurückzuführen sein, da bei dieser Variable nur Antworten, die ohne schrittweise Befragung zustandekamen, gewertet wurden. Es werden sicherlich auch Bekanntheitseffekte und Erfahrungen mit dem Material dafür verantwortlich sein, da im Bereich Lernen die beiden jüngeren Altersgruppen am schlechtesten abschneiden, unabhängig von der Untersuchungsbedingung. Man könnte vermuten, daß jüngere Kinder mit den in den Items zum Bereich Lernen angesprochenen Situationen noch nicht derart konfrontiert wurden, daß Schlußfolgerungen im Sinne antizipierter Konsequenzen erforderlich waren. Diese Vermutung scheint insofern sinnvoll, als mittels schrittweiser Befragung bei der Variablen "Stufen des Verstehens" die beiden jüngeren Altersgruppen u.a. im Bereich Lernen gute Ergebnisse erzielen.

9.5 Interpretation und Diskussion der Ergebnisse zu Hypothese 7

Es wird eine mit dem Alter zunehmende Übereinstimmung in der Beurteilung korrespondierender Items bei der vorliegenden Hypothese erwartet.
Vier Itempaare weisen relativ hohe Korrelationen auf. Es handelt sich um Itempaare aus den Bereichen "Lernen" und "Problemlösen/Wahrnehmen": 'Liedlernen-Clown anmalen', 'Sesamstraße-Cassette anhören' (Lernen) und 'Papierhut falten-Papierbecher falten', 'Mosaik legen-Muster legen' (Problemlösen/Wahrnehmen). Für einen Vergleich der unterschiedlichen situativen Bedingungen in den Items müssen die Aspekte "Menge", "Lärm"

und "Hilfestellung" berücksichtigt werden. Mengen- und Lärmvergleiche sind verhältnismäßig einfach ausführbar, da Kinder täglich mit solchen Vergleichen konfrontiert werden und sie auch durchführen. Bei vielen Aufgaben und Spielen sind Anzahl der Materialien und Störfaktoren von außen von großer Bedeutung. Der Aspekt der "Hilfestellung" wird vor allem in Abhängigkeit des Erlebens eigener Hilfebedürftigkeit bei Aufgabenausführung erfahren. Laut WELLMAN (1977) ist dies ein Grund dafür, daß dieser Aspekt schwieriger zu erkennen ist als die beiden anderen genannten. Die Abhängigkeit des Erkennens der Hilfestellung vom eigenen Erleben der Hilfebedürftigkeit zeigt sich bei dieser Untersuchung deutlich darin, daß unter realen Bedingungen die Items des Bereichs "Problemlösen/Wahrnehmen" von allen Altersgruppen zu einem hohen Prozentsatz optimal beantwortet werden können. Die Aufgabenversion des Items "Papierhut falten" wird als einziges aller übrigen Items von Kindern aller Altersgruppen ohne "stufenweise Befragung" optimal beantwortet. Hier offenbart sich die Wirkung eigenen Erlebens auf die Leistung. WELLMAN (1977) erwähnt, "daß der Einfluß einer relevanten Aufgabenvariablen leichter zu erkennen sein sollte, wenn (a) sie häufig in der Erfahrung eines Kindes wirksam wird; (b) sie nur die eigene Leistung des Kindes betrifft; (c) die Unterschiede in diesen Faktoren vom Kind leicht zu erkennen sind" (WELLMAN, 1977, S.1723, übersetzt v.d.Verfasserin). Für die Aufgaben-Items des Bereichs "Problemlösen/Wahrnehmen" treffen die genannten Punkte ohne Einschränkung zu. Desgleichen für alle Items, in denen Menge und Lärm angesprochen sind. Das ist vor allem bei den Items aus dem Bereich Lernen der Fall.

Wir können bezüglich Hypothese 7 nicht die Aussage machen, daß mit dem Alter die Übereinstimmung in Fremd- und Selbstbeurteilung unterschiedlicher kognitiver Anforderungen zunimmt. Dies beruht auf dem Ergebnis zu Hypothese 5, wonach die Urteilsfähigkeit älterer Kinder kontextunabhängig zu sein scheint. Mangelhafte Korrelationen zwischen Fremd- und Selbstbeurteilung müssen daher mit zunehmendem Alter zwangsläufig vorliegen.

Die Zurückweisung von Hypothese 7 mag zum Teil auch daraus folgen, daß
(a) die erfaßten Wissensbereiche nicht völlig unabhängig voneinander sind und
(b) die von uns als korrespondierend betrachteten Items nicht immer die höchsten Korrelationen untereinander aufweisen.
So scheint es verständlich, daß auch bei Items, die nicht direkt denselben Aufgaben- und Wissensbereich erfassen, hohe Übereinstimmungen in Fremd- und Selbstbeurteilung auftreten. Das Geschichten-Item "Liedlernen" (Lernen) korreliert hoch mit den Aufgaben-Items "Cassette anhören" (Lernen), "Bildkarten erinnern" (Erinnern) und "Labyrinth" (Problemlösen/Wahrnehmen). Das Aufgaben-Item "Bildkarten erinnern" (Erinnern) wiederum korreliert hoch mit den Geschichten-Items "Sesamstraße" und "Liedlernen" (Lernen), "Einkaufen" (Erinnern) und "Bild zeichnen" (Problemlösen/Wahrnehmen). Das Item "Liedlernen" spricht u.a. den Aspekt der Hilfestellung an, das Item "Bildkarten erinnern" die Aspekte Aufmerksamkeit und Konzentration. Diese Aspekte bestimmen den Schwierigkeitsgrad einer Reihe von Aufgabenstellungen und wohnen vielen Aufgaben inne (vgl. WELL-MAN, 1977). Es ist daher nicht befremdend, daß die genannten Items hohe Inter-Item-Korrelationen aufweisen.

9.6 Interpretation und Diskussion der Ergebnisse zu Hypothese 8

In Hypothese 8 wird die Annahme ausgesprochen, daß unter realen Bedingungen auf allen Altersstufen weniger Befragungsschritte notwendig sind als unter fiktiven Bedingungen.
Die Ergebnisse bestätigen diese Annahme für die Altersstufen 4,5 und 6 Jahre. Vor allem die Vierjährigen weisen eine starke Verbesserung unter realen Bedingungen auf. Die Bedeutung der Vorgabebedingung, d.h. des Untersuchungskontextes, wird anhand der Ergebnisse zu Hypothese 8 deutlich hervorgehoben. Wir bekommen auf bemerkenswerte Weise veranschaulicht, in wel-

chem Maße das Qualitätsniveau einer Antwort von der Untersuchungsbedingung abhängt. Hierbei scheint sich die Ansicht PIAGETs, daß die Eigenaktivität des Kindes und sein Umgang mit Objekten ausschlaggebend seien für seine Denkentwicklung (PIAGET, 1973) zu bestätigen. Er betrachtet die geistige Aktivität, mit der sich ein Kind mit seiner Umwelt auseinandersetzt, als Grundlage für die kognitiven Systeme des Kindes. Das direkte Betroffensein, die Involviertheit und Beschäftigung mit der Aufgabe unter realen Bedingungen führen bei den jüngeren Versuchspersonen offensichtlich zu einer Leistungssteigerung. Möglicherweise werden kognitive Prozesse, vergleichbar denjenigen bei Akkomodation und Assimilation, in Gang gesetzt, die vermehrt zu einer vollständigen Lösung ohne Hilfestellung beitragen. Der Sachverhalt, daß gerade die jüngeren Kinder starke Verbesserungen aufweisen, wäre überdies mittels des "Prinzips der gemäßigten Neuartigkeit" erklärbar (vgl. PIAGET, 1973): eine neue Sache ist nicht so unbekannt, daß sie nicht in vorhandene kognitive Schemata zu assimilieren wäre, aber auch nicht so bekannt, daß es für das Kind reizlos wäre, sich damit zu beschäftigen.

Die sich im Kind vollziehenden, selbstregulierenden Prozesse bei Beschäftigung mit der Aufgabe, stellen die Grundlage für die Lösung und einen damit verbundenen Wissenserwerb dar. Die Tatsache, daß 7jährige Kinder unter beiden Bedingungen in vergleichbarem Ausmaß mit bzw. ohne Hilfestellung auskommen, könnte damit begründet werden, daß bei ihnen das Prinzip überholt sein könnte. Sie sind eventuell in allen Bereichen und Kontexten so bewandert, daß Prozesse, die bei jüngeren Altersgruppen erst herbeigeführt werden müssen, bereits etabliert sind.

9.7 Interpretation und Diskussion weiterer Ergebnisse

9.7.1 Lernprozesse im Verlauf der Untersuchung

In der zweiten Hälfte der Untersuchungssituation treten auf allen Altersstufen Verbesserungen in den Werten für "optimales Erkennen und Verstehen" auf, unabhängig von der Vorgabebedingung. Es zeigen jedoch nur ältere Kinder signifikante Verbesserungen, sowohl unter fiktiven als auch unter realen Bedingungen. Bezüglich der Notwendigkeit von Befragungshilfen im Rahmen der schrittweisen Befragung wiederholt sich dieses Ergebnis. Das Ausmaß der Lerneffekte zeigt sich in Abhängigkeit von der Vorgabebedingung: die größten Lerneffekte finden unter fiktiven Bedingungen statt. In diesem Ergebnis zeigt sich die Bedeutung der Untersuchungsbedingung für Umfang und Dauer von Lern- und Übungsprozessen. Indem unter _fiktiven Bedingungen_ größere Lerneffekte zu verzeichnen sind als unter realen Bedingungen, bekommen wir einen Hinweis darauf, daß sich unter verhältnismäßig abstrakten Bedingungen Übungsprozesse über einen längeren Zeitraum hin aufbauen. Unter _realen_ und vergleichsweise konkreten _Aufgabenbedingungen_ treten sehr schnell Lerneffekte auf, die sich im Ausmaß jedoch weniger drastisch voneinander unterscheiden.

9.7.2 Der Einfluß kognitiven Wissens auf die Aufgabenleistung am Beispiel einer Erinnerungsaufgabe

Die Vierfelder-Gegenüberstellung der unter fiktiven und realen Bedingungen erzielten Ergebnisse in den drei Bereichen Lernen, Erinnern und Problemlösen/Wahrnehmen zeigt (vgl. Tab.38), daß in keinem Bereich das kognitive Wissen eine notwendige Voraussetzung für die Aufgabenausführung darstellt. Die erfaßten Komponenten kognitiven Wissens und deren Anwendung in der realen Situation stehen kaum miteinander in Beziehung, obwohl großer Wert darauf gelegt worden war, unter beiden Bedingungen identische Komponenten kognitiven Wissens anzusprechen. Es ist

anzunehmen, daß eine Vielfalt von Faktoren unter den Vorgabebedingungen wirksam werden und damit einen starken Zusammenhang zwischen kognitivem Wissen und dessen Anwendung in Realsituationen verhindern. Einige Einflußfaktoren seien an dieser Stelle genannt:
- die Versuchsperson setzt ihr Wissen lediglich in bezug auf sich selbst ein, d.h. es erfolgt eine egozentrische Wissensanwendung;
- die Versuchsperson erachtet Anstrengung als ausschlaggebenden Faktor bei einer Aufgabenbewältigung;
- die Versuchsperson erkennt die Möglichkeit eines effektiven Vorgehens, beurteilt jedoch die Aufgabenschwierigkeit als so niedrig, daß ein planvolles Vorgehen nicht notwendig erscheint.

Ein weiterer Grund für den mangelnden Zusammenhang der unter beiden Bedingungen erzielten Werte dürfte darin zu sehen sein, daß Werte, die das Wissen der Kinder betreffen, und nicht tatsächlich vollbrachte Leistungen miteinander in Beziehung gesetzt wurden. Es war schon in früheren Untersuchungen (z.B. SCHNEIDER, 1985) betont worden, daß zur Verdeutlichung eines Zusammenhangs zwischen kognitivem Wissen und Verhalten in einer Problemsituation die Leistung als ein weiterer Faktor herangezogen werden sollte. Von dieser Überlegung ausgehend, wurde im Anschluß an die Befragung zum Aufgaben-Item "Bildkarten erinnern" die tatsächliche Erinnerungsleistung der Kinder erhoben.

Stellt man die erbrachte Leistung dem kognitiven Wissen, d.h. der Qualität des Erkennens und Verstehens kognitiver Anforderungen im Bereich Erinnern gegenüber, so zeigt sich, daß das kognitive Wissen eine notwendige Voraussetzung für eine gute Erinnerungsleistung darstellt. Auch SCHNEIDER (1985) erhielt bei einer Metaanalyse von Gedächtnisindikatoren und konkreter Gedächtnisleistung Zusammenhänge in Form von mittleren Korrelationen. Dies deutet darauf hin, daß situationsabhängige Bedingungen und kognitive Prozesse spezifiziert werden sollten, wenn kognitives Wissen verfügbar sein und in Handlungen umgesetzt werden soll (vgl. BROWN, BRANSFORD, FERRARA & CAMPIONE, 1983; CAVANAUGH & PERLMUTTER, 1982; WELLMAN, 1983).

Insgesamt gesehen können wir sagen, daß das Erkennen und Verstehen unterschiedlicher kognitiver Anforderungen mit dem Alter ein qualitativ höheres Niveau erreicht.
Die vorliegenden Befunde weisen darauf hin, daß Kinder ab ca. 5 Jahren die Zuschreibung der Schwierigkeit einer Situation mit den damit verbundenen Folgen für den Betroffenen begründen können. Die Fähigkeit, eine Schwierigkeitszuschreibung sowie die damit einhergehenden Konsequenzen bereits bei der Frage nach situativen Unterschieden vorzunehmen, entwickelt sich offensichtlich zwischen dem 5. und 6. Lebensjahr.
Die Art der Problemvorgabe scheint bis zum Alter von einschließlich 6 Jahren eine wesentliche Rolle dafür zu spielen,
(1) welches Qualitätsniveau hinsichtlich der Stufen des Erkennens und Verstehens erreicht wird,
(2) ob die situativen Unterschiede und die daraus resultierenden kognitiven Anforderungen selbständig oder nur mittels stufenweiser Befragung erkannt werden und
(3) in welchem Umfang Lern- und Übungsprozesse zu erwarten sind.
Das deutlich bessere Abschneiden der jüngeren Altersgruppen unter realen Bedingungen legt nahe, daß die Urteilsfähigkeit bei jüngeren Kindern von den Problemvorgabebedingungen abhängig zu sein scheint.

10. Ausblick

Kenntnisse über die Entwicklung kognitiven Wissens in bezug auf Kontrolle und Steuerung eigener Denkabläufe haben praktische Bedeutung für das Lehren und Lernen in Vorschule und Schule. Kognitives Wissen über exekutive Prozesse bildet den Grundstock für flexibles, effizientes Denken, das im Rahmen schulischen Lehrens und Lernens aufgebaut und weiter ausgebildet werden soll. Kinder sollen erkennen lernen, wann eine bestimmte Aufgabe ein strategisches Vorgehen erfordert. Dazu bedarf es ihrer Schulung darin, möglichst rasch die eigenen kognitiven Aktivitäten auf die gegebenen Bedingungen hin zu überprüfen und, falls notwendig, an diesen auszurichten. Eine derartige Kontrolle und Steuerung des eigenen Vorgehens setzt spezielles, kognitives Wissen voraus.

Nach WELLMAN (1985) beinhaltet kognitive Kontrolle einen großen Teil an "Wissen wie": Wissen wie man kognitive Begriffe und Definitionen auf bestimmte Aufgaben für eine effektive kognitive Leistung anwendet. FLAVELL (1984) schreibt drei Kategorien kognitiven Wissens große Bedeutung zu: Wissen über Personenvariablen, Wissen über Aufgabenvariablen und Wissen über Strategievariablen. Demzufolge ist zur erfolgreichen Problem- und Aufgabenlösung Wissen erforderlich (1) über sich selbst, d.h. über persönliche Eigenheiten (Konzentrationsfähigkeit, Ermüdungserscheinungen), die die Leistung beeinflussen können; (2) darüber, daß miteinander in Beziehung stehende Items leichter zu erinnern sind als wahllos zusammengestellte Itemlisten; daß eine große Itemanzahl schwieriger ist als eine kleine; (3) über verschiedene Strategien und Vorgehensweisen, die die Leistung bestimmen; z.B. Wissen darüber, daß Wiederholen und Notizenmachen das Einprägen erleichtern können oder daß das Überprüfen eines Lösungsweges nützlich sein kann.

Für Schule und Unterricht gilt es somit, Wissen über die genannten Variablen zu vermitteln und spezifische Verhaltensweisen auf- und auszubauen, um das Wissen um diese Variablen erfolgreich anwenden zu können. Zur Entwicklung geeigneter Lehr-

methoden sind Diskussion und Klärung folgender Fragen nötig:
- Was kann man an kognitivem Wissen bei Kindern bestimmter Altersstufen erwarten?
- Welches sind die effektivsten Vorgehensweisen, um noch nicht vorhandenes kognitives Wissen zu vermitteln und erfahrbar zu machen?

RESNICK & GLASER (1976) machen darauf aufmerksam, daß generell das Wissen bei Kindern in wenigstens drei Punkten unvollständig ist:
(1) im Informationsgehalt, (2) in der Organisation und Kategorisierung und (3) in den Möglichkeiten, das Wissen abzurufen. Sie betonen, daß die genannten Punkte den Informationsverarbeitungsfähigkeiten des Kindes Grenzen setzen, selbst in Situationen, die lediglich einfache grundlegende Denkprozesse verlangen (z.B. Schnelligkeit des Einprägens oder Wiedererkennens etc.). Demzufolge sollte im Unterricht immer beachtet werden, daß die Bewältigung kognitiver Anforderungen erhöhte geistige Anstrengungen verlangen kann, die möglicherweise noch nicht ausgebildet sind. Beispielsweise wissen Kinder bis zu einem bestimmten Alter nicht, wie sie das eigene Verständnis für Texte, Instruktionen und Aufgaben kontrollieren und gegebenenfalls steuern können. Unkenntnis darüber, was bei Kindern im Vorschul- und Schulalter an Wissen vorausgesetzt werden kann, führt allzu leicht zur Übertragung von Aufgaben, deren erfolgreiche Ausführung abhängig ist von der Kenntnis von Faktoren, die erst im Laufe gehäufter Konfrontation mit derartigen Fragestellungen erworben werden kann. Eine Beurteilung der kindlichen Fähigkeiten anhand überfordernder Maßstäbe wäre die Folge. Eine Alternative wäre, den Kindern die Möglichkeit zu bieten, über eigene Erfahrung eine zunehmende Sensibilität für Bedingungen und Gegebenheiten, die eine Leistung beeinflussen können, zu entwickeln. Das Resultat könnte ein Wissenserwerb sein.

PIAGET (1981) vertritt den Standpunkt, daß nur "Lernen durch Tun" für Kinder auf der präoperationalen Stufe effektvoll ist. Er betont, daß wirkliches Lernen im Sinne von Erkenntnis "sich aus Interaktionen zwischen dem Subjekt und Objekt ergibt - aus Interaktionen, die reichhaltiger sind als alles, was die Objekte von sich aus liefern können" (vgl. JEAN PIAGET ÜBER JEAN PIAGET, Kindler 1981, S.64).
Im Laufe der Entwicklung und mit zunehmender Erfahrung gewinnen Kinder rasch Vorstellungen von Variablen, die ihre Leistungen zu beeinflussen vermögen. Sie lernen eine Vielzahl relevanter Variablen und entwickeln ein Verständnis für spezifische, nur begrenzt anwendbare Klassen beeinflussender Variablen. Ihre Vorstellung davon, wie verschiedene Variablen zusammenwirken, um Leistung zu beeinflussen, verändert sich drastisch (vgl. WELLMAN, 1985).
Wir kommen aufgrund unserer Untersuchungsergebnisse zu folgendem Schluß bezüglich der beiden oben aufgeführten Fragen: Kinder im Alter von 4 bis 7 Jahren besitzen grundsätzlich kognitives Wissen. Es ist zwar unterschiedlich stark ausgeprägt auf den jeweiligen Altersstufen, aber bereits 4jährige sind zu erstaunlich präzisen und umfassenden Antworten fähig, wenn man das Verfahren der stufenweisen Befragung anwendet.
Konfrontiert man die Kinder unserer Stichprobe einmal sprachlich, das andere Mal konkret mit ein und derselben Aufgabe in verschiedenen Situationen, so erkennen hauptsächlich 6- und 7jährige ohne zusätzliche Befragung die Unterschiede in den kognitiven Anforderungen, die an diese Situationen geknüpft sind. Ihr Wissen unterscheidet sich dabei nicht mehr vom Wissen Erwachsener in solchen Situationen. 4- und 5jährige Kinder besitzen dieses Wissen dagegen unter bestimmten Gegebenheiten: Unter fiktiven Bedingungen, d.h. auf rein verbaler Ebene, kennen sie in der Regel die Anforderungen, welche eine Situation an sie stellt, noch nicht. Sie wissen daher auch nicht, wie sich eine betroffene Person verhalten muß, um erfolgreich zu sein. Ist jedoch die fragliche Situation für sie direkt erfahrbar, bevor man sie dazu befragt, können sie genau

wie 6- und 7jährige optimale Antworten geben. Das bedeutet für die Vermittlung kognitiven Wissens im erzieherischen und schulischen Bereich, daß es weit wirkungsvoller ist, Kinder eine Situation und deren Konsequenzen für die Leistung konkret erleben zu lassen als es ihnen in Form von Frontalunterricht verbal zu vermitteln und zu erklären. Kinder sollten im Rahmen eigenen Erlebens und Tuns erfahren, welche kognitiven Anforderungen unterschiedliche situative Bedingungen haben und wie sie sich auf das Leistungsvermögen auswirken können. Es fällt ihnen offensichtlich leichter, Information, die sie selbst auf direktem Wege gewinnen und verarbeiten konnten, in die Wissensbasis zu integrieren.

Eine aktions- und erlebniszentrierte Komponente sollte daher im Curriculum zur Sensibilisierung und Aktivierung kognitiver Fähigkeiten betont werden.

Literatur

APPEL, L.F., COOPER, R.G., MCCARRELL, N., SIMS-KNIGHT, J., YUSSEN, S.R., & FLAVELL, J.H. The development of the distinction between perceiving and memorizing. Child Development, 1972, 43, 1365-1381.

BARON, J., & TREIMAN, R. Some problems in the study of differences in cognitive processes. Memory and Cognition, 1980, 8, 313-321.

BEST, D.L., & ORNSTEIN, P.A. Children's generation and communication of organized strategies. Paper presented at the biennial meeting of the society for Research in Child Development, San Francisco, March 1979.

BJORKLUND, D.F., ORNSTEIN, P.A., & HAIG, J.R. Developmental differences in organization and recall: Training in the use of organizational techniques. Developmental Psychology, 1977, 13, 175-183.

BLÖSCHL, L. Kullbacks 2i-Test als ökonomische Alternative zur x^2-Probe. Psychologische Beiträge, 1966, 9, 379-406.

BROWN, A.L. The development of memory: knowing, knowing about knowing, knowing how to know. In H.W. Reese (Ed.), Advances in child development and behavior (Vol.10). New York: Academic Press, 1975.

BROWN, A.L., BRANSFORD, J.D., FERRARA, R.A., & CAMPIONE, J.C. Learning, understanding, and remembering. In J. Flavell & E.M. Markman (Eds.), Carmichael's handbook of developmental psychology, Vol. 1., New York: Wiley, 1983.

CAMPIONE, J.C. Ein Wandel in der Instruktionsforschung mit lernschwierigen Kindern: Die Berücksichtigung metakognitiver Komponenten. In F.E. Weinert & R.H. Kluwe (Hrsg.), Metakognition, Motivation und Lernen. Stuttgart: Kohlhammer, 1984

CAVANAUGH, J.C. & BORKOWSKI, J.G. Searching for metamemory-memory connections: a developmental study. Developmental Psychology, 1980, 16, 441-453.

CAVANAUGH, J.C. & PERLMUTTER, M. Metamemory: A critical examination. Child Development, 1982, 53, 11-28.

CHI, M.T. Bereichsspezifisches Wissen und Metakognition. In F.E. Weinert & R.H. Kluwe (Hrsg.), Metakognition, Motivation und Lernen. Stuttgart: Kohlhammer, 1984.

FLAVELL, J.H. Developmental studies of mediated memory. In
H.W. Reese & L.P. Lipsitt (Eds.), Advances in child development
and behavior (Vol.5). New York: Academic Press, 1970.

FLAVELL, J.H. What is memory development the development of?
Human Development, 1971, 14, 225-286 (a).

FLAVELL, J.H. Metacognitive development. In J.M. Scandura &
C.J. Brainerd (Eds.), Structural/process theories of complex
human behavior. Netherlands: Sijthoff and Noordhoff, 1978.

FLAVELL, J.H. Metacognition and cognitive monitoring. A new
area of cognitive-developmental inquiry. American Psychologist,
1979, 34, 906-911.

FLAVELL, J.H. Annahmen zum Begriff Metakognition sowie zur
Entwicklung von Metakognition. In F.E. Weinert & R.H. Kluwe
(Hrsg.), Metakognition, Motivation und Lernen. Stuttgart:
Kohlhammer, 1984.

FLAVELL, J.H. & WELLMAN, H.M. Metamemory. In R. Kail &
J. Hagen (Eds.), Perspectives on the development of memory
and cognition. Hillsdale, N.J.: Erlbaum, 1977.

HUTTENLOCHER, J., & BURKE, D. Why does memory span increase
with age? Cognitive Psychology, 1976, 8, 1-31.

KELLY, H., SCHOLNICK, E.F., TRAVERS, S.H., & JOHNSON, J.W.
Relations among memory, memory appraisal, and memory strategies.
Child Development, 1976, 47, 648-659.

KLUWE, R.H., & FRIEDRICHSEN, G. Mechanisms of control in
problem solving. In J. Kuhl & J. Beckmann (Eds.), Action-
control: From cognition to behavior. New York: Springer, 1985.

KLUWE, R.H., MODROW, K., & VAIHINGER, T. Steuerung des
Problemlöseverhaltens bei Kindern unterschiedlichen Alters.
Nr.4, Forschungsbericht an die Stiftung Volkswagenwerk;
Fachbereich Pädagogik, Abt. Allgemeine Psychologie, Univer-
sität der Bundeswehr Hamburg, 1984.

KLUWE, R.H. & SCHIEBLER, K. Entwicklung exekutiver Prozesse
und kognitive Leistungen. In F.E. Weinert & R.H. Kluwe (Hrsg.),
Metakognition, Motivation und Lernen. Stuttgart: Kohlhammer,
1984.

KREUTZER, M.A., LEONARD, C., & FLAVELL, J.H. An interview
study of children's knowledge about memory. Monographs of
the Society for Research in Child Development. University
of Chicago Press, 1975, 40(1), 159.

KURTZ, B.E., REID, M.K., BORKOWSKI, J.G., & CAVANAUGH, J.C.
On the reliability and validity of children's metamemory.
Bulletin of the Psychonomic Society. 1982, 19, 137-140.

LANG, A. Über den Primat der subjektiven Wahrnehmungsdimension,
dargestellt am Beispiel der Zeitpsychologie. Schweizerische
Zeitschrift für Psychologie, 1970, 29 (1/2), 45-51.

LANGE, G. The development of conceptual and rote recall skills
among school-age children. Journal of experimental Child
Psychology, 1973, 15, 394-407.

LANGE, G. Organization - related processes in children's recall.
In P.A. Ornstein (Ed.), Memory development in children. Hillsdale,
N.J.: Erlbaum, 1978.

LEVIN, J.R., YUSSEN, S.R., DeROSE, T., & PRESSLEY, G.M.
Developmental changes in assessing recall and recognition
memory capacity. Developmental Psychology, 1977, 13, 608-615.

LIBERTY, C., ORNSTEIN, P.A. Age differences in organization
and recall: the effects of training in categorization. Journal
of experimental Child Psychology, 1973, 15, 169-186.

MEILI, R. Gestaltprozeß und psychische Organisation. Schweizerische Zeitschrift für Psychologie, 1954, 13, 54-71.

MILLER, P.H., & BIGI, L. Children's understanding of how
stimulus dimensions affect performance. Child Development,
1977, 48, 1712-1715.

MILLER, P.H., & BIGI, L. The development of children's
understanding of attention. Merrill-Palmer Quarterly, 1979,
25, 235-256.

MILLER, P.H., & ZALENSKI, R. Preschoolers' knowledge about
attention. Developmental Psychology, 1982, 18(6), 871-875.

MYERS, M., & PARIS, S.G. Children's metacognitive knowledge
about reading. Journal of Educational Psychology, 1978, 70,
680-690.

NAUS, M.J., & ORNSTEIN, P.A. Development of memory strategies:
analysis, questions, and issues. In: Contributions to Human
Development, Vol.9, Series Editor, John A. Meacham, Basel:
Karger, 1983.

ORNSTEIN, P.A., & CORSALE, K. Organizational factors in
children's memory. In R.Puff (Ed.), Memory, Organization,
and Structure. Academic Press, Inc.: New York, 1979.

PARIS, S.G., & LINDAUER, B.K. Constructive aspects of children's comprehension and memory. In R.V. Kail & J.W. Hagen (Eds.), Perspectives on the Development of Memory and Cognition. Lawrence Erlbaum Associates. Hillsdale: New Jersey

PELLEGRINO, J.W., & SCHADLER, M. Maximizing performance in a problem-solving task. Unpublished manuscript. University of Pittsburgh, 1974.

PIAGET, J., Einführung in die genetische Erkenntnistheorie. Suhrkamp, Frankfurt/Main, 1973.

PIAGET, J., Urteil und Denkprozeß des Kindes. Ullstein Materialien, Ullstein, Frankfurt, 1981.

PIAGET, J., Jean Piaget über Jean Piaget. Kindler, 1981.

RESNICK, L.B. (Ed.), The nature of intelligence. Hillsdale, N.J.: Laurence Erlbaum, 1976.

SALATAS, H., & FLAVELL, J.H. Retrieval of recently learned information: Development of strategies and control skills. Child Development, 1976b, 47, 941-948.

SCHNEIDER, W. Metagedächtnis, gedächtnisbezogenes Verhalten und Gedächtnisleistung - Eine Analyse der empirischen Zusammenhänge bei Grundschülern der dritten Klasse. Zeitschrift für Entwicklungspsychologie und Pädagogische Psychologie, 1985, Bd. XVII, Heft 1, 1-16.

VAIHINGER, T., & KLUWE, R.H. Stufen des Erkennens und Verstehens unterschiedlicher kognitiver Anforderungen im Alter von 4 bis 7 Jahren. Nr. 10, Forschungsbericht an die Stiftung Volkswagenwerk, Hannover. Bericht aus dem Fachbereich Pädagogik, Abt. Allgemeine Psychologie. Universität der Bundeswehr Hamburg, 1986.

VAIHINGER, T., & KLUWE, R.H. Erkennen und Verstehen unterschiedlicher kognitiver Anforderungen unter fiktiven und realen Bedingungen. Bericht aus dem Fachbereich Pädagogik, Abt. Allgemeine Psychologie. Universität der Bundeswehr Hamburg, 1987.

WELLMAN, H.M. Preschoolers' understanding of memory-relevant variables. Child Development, 1977, 48, 1720-1723.

WELLMAN, H.M. Tip of the tongue and feeling of knowing experience: a developmental study of memory monitoring. Child Development, 1977c, 48, 13-21.

WELLMAN, H.M. Knowledge of the interaction of memory variables: a developmental study of metamemory. Developmental Psychology, 1978, 14, 24-29.

WELLMAN, H.M. Metamemory revisited. In M.T.Chi (Ed.), Trends in memory development. Basel: S. Karger, 1983.

WELLMAN, H.M. The child's theory of mind: the development of conceptions of cognition. In Steven R. Yussen (Ed.), The Growth of Reflection in Children. Academic Press, Inc.: New York, 1985.

WELLMAN, H.M., COLLINS, J., & GLIEBERMAN, J. Understanding the combination of memory variables: Developing conceptions of memory limitations. Child Development, 1981, 52, 1313-1317.

YUSSEN, S.R., & BIRD, J.E. The development of metacognitive awareness in memory, communication, and attention. Journal of Experimental Child Psychology, 1979, 28, 300-313.

ANHANG

I   Items

Item 1/9:   Liedlernen - Clown anmalen

         Geschichte   Aufgabe

       - Situationsdarstellung -

Geschichte	Aufgabe
Peter und Heike haben in der Schule ein neues Lied gelernt. Aber beide können es noch nicht so richtig. Sie wollen es zu Hause mit der Mutter noch einmal üben und lernen, damit sie es am nächsten Tag in der Schule können.	Hier habe ich einen Clown, bei dem Du den Hut, die Haare, die Jacke und die Hose anmalen sollst. Du sollst dazu ganz bestimmte Farben nehmen. Damit Du weißt, welche Farben Du zum Zeichnen benutzen sollst, haben wir hier einen Lautsprecher mit zwei Knöpfen. Wenn Du die Knöpfe drückst, kannst Du hören, welche Farben Du zum Zeichnen benutzen sollst.

1. Variante/Alternative

Heike ist bei sich zu Hause und ihre Mutter sagt zu ihr: "Ich kann Dir das Lied vorsingen und vorsagen, solange bis Du es kannst. Ich bin heute den ganzen Nachmittag zu Hause".	Wenn Du diesen Knopf drückst, kannst Du mehrmals (ganz oft) hören, welche Farben Du zum Malen nehmen sollst.

2. Variante/Alternative

Peter ist auch bei sich zu Hause und seine Mutter sagt zu ihm: "Ich kann Dir das Lied einmal vorsingen und vorsagen, aber dann muß ich einkaufen gehen".	Drückst Du den Knopf, dann kannst Du einmal hören, welche Farben Du nehmen sollst zum Anmalen.

                 Fragenschema

Item 2/10: Falten mit Papier

       Geschichte   Aufgabe

- Situationsdarstellung -

Geschichte	Aufgabe
Heike und Peter sind in der Schule. Heute basteln sie mit Papier. Sie wollen beide einen solchen Papierhut falten (fertiges Modell zeigen).	Hier habe ich einen Becher aus Papier. Du sollst nun gleich einen solchen Becher falten. Schau, aus diesem Blatt Papier (zeigen). Dazu habe ich hier

1. Variante/Alternative

In Heikes Klasse verteilt der Lehrer Blätter und eine solche Anleitung (zeigen), wie man daraus diesen Hut (nochmals zeigen) falten kann. Die Kinder sitzen dann an den Tischen und falten. So wie Heike hier.	eine Vorlage (Anleitung), auf der Du genau sehen kannst, wie Du das Papier falten mußt, damit ein solcher Becher (zeigen) daraus wird.

2. Variante/Alternative

In Peters Klasse verteilt der Lehrer auch solche Blätter zum Falten. Dann geht er zu allen Kindern an den Tisch und faltet mit den Kindern gemeinsam diesen Papierhut (zeigen). Hier faltet er gerade mit Peter.	Wir können den Pappbecher aber auch gemeinsam falten. Ich zeige Dir dann immer, wie Du falten mußt, Du faltest das Stück Papier gemeinsam mit mir, bis der Becher fertig ist.

Fragenschema

Item 3/11: Sesamstraße - Cassette anhören

Geschichte	Aufgabe
- Situationsdarstellung -	

Heike und Peter dürfen manchmal fernsehen. Dann schauen sie sich Sesamstraße an. Heute erklärt Bert in der Sesamstraße ein neues Spiel. Peter und Heike wollen ganz genau zuhören, damit sie am nächsten Tag das neue Spiel ganz richtig spielen können.	Ich habe hier auf Cassette eine Geschichte für Dich. Ein neues Kind kommt in die Schulklasse und der Lehrer stellt es den anderen Kindern vor. Du sollst gut zuhören und mir am Ende den Namen des Kindes sagen können. Schau, wenn ich die Cassette spielen lasse, dann hört sich das so an (kurz anspielen). Aber Frau M. hier möchte sich auch noch eine Cassette anhören, weil sie sich immer Notizen macht, was die Kinder hier so alles gesagt haben, und wenn beide Cassetten gleichzeitig laufen, dann hört sich das so an (beide anspielen). Was ist Dir denn lieber,

1. Variante / Alternative

Heike sitzt bei sich zu Hause im Wohnzimmer und hört ganz genau zu, was Bert über das neue Spiel sagt.	willst Du nur diese eine Cassette mit der Geschichte hören oder

2. Variante / Alternative

Peter ist ebenfalls bei sich zu Hause und sitzt im Wohnzimmer. Er will auch ganz genau zuhören, was Bert über das neue Spiel sagt. Nur bei ihm ist noch der Hund, der bellt und will, daß Peter mit ihm rausgeht. Dann ist noch Peters kleiner Bruder da und möchte, daß Peter mit ihm Ball spielt.	können beide Cassetten gleichzeitig laufen?

Fragenschema

Geschichte zu Aufgabe 3:

In der Schule ist gerade die große Pause zu Ende.
Die Kinder sind in das Klassenzimmer zurückgekehrt.
Sie warten auf den Lehrer.
Als er hereinkommt, gucken alle Kinder ganz erstaunt, denn
er ist nicht alleine.
Er bringt ein neues Kind in die Klasse und stellt es vor:
"Das ist Martin! Martins Eltern arbeiten im Zirkus.
Er wird eine Woche bei uns bleiben, dann zieht er mit
seinen Eltern und dem Zirkus weiter in die nächste Stadt."

Item 4/12: Einkaufen gehen

Geschichte	Aufgabe
	- Situationsdarstellung -
Heike und Peter wollen mit ihrer Mutter Kuchen backen. Sie müssen aber erst noch die Zutaten einkaufen. Beide müssen Zucker, Butter, Eier, Milch und Mehl kaufen.	Schau, wir haben hier zwei Kaufläden aufgebaut. Das hier ist der Laden von Frau Maier und das der Laden von Frau Schmidt.
	1. Variante / Alternative
Heike geht zum Laden an der Ecke. Die Verkäuferin dort fragt sie, was sie möchte. Sie sagt zu Heike: "Sage mir ganz genau, was Du einkaufen mußt, dann werde ich es Dir geben." Dann holt sie die Sachen aus dem Regal und gibt sie Heike.	Frau Maier hat alle Dinge, die sie verkauft in einer Schublade. Man sagt ihr ganz genau, was man kaufen muß, dann holt sie es aus der Schublade und gibt es einem.
	2. Variante / Alternative
Peter geht auch zum Laden an der Ecke. Zu ihm sagt dieselbe Verkäuferin: "Schau Dir alles im Laden nochmals ganz genau an und überlege, was davon Du kaufen mußt, dann zeige darauf, und ich werde es Dir geben."	Frau Schmidt hat alle Dinge, die sie verkauft auf einem Regal liegen, so daß man sie sehen kann. Bei ihr schaut man sich alles im Laden nochmals an, überlegt, was davon man kaufen sollte und zeigt dann darauf, dann gibt sie es einem. Wenn Du nun einkaufen sollst, Malpapier, Buntstifte, Wachsmalstifte, Radiergummi, Anspitzer und einen Malpinsel, wo magst Du denn lieber kaufen?
	Fragenschema

Item 5/13: Einkaufszettel

Geschichte	Aufgabe
	- Situationsdarstellung -
Heike und Peter sollen beide einkaufen gehen.	Schau mal, hier haben wir einen Kaufladen. Da kannst Du Sachen einkaufen. Ich werde Dir sagen, was Du kaufen sollst. Höre gut zu. Du sollst kaufen: 1 Schere, 1 Zahnbürste, 1 Kerze, 1 Tube Klebstoff, Bonbons, Faden zum Nähen und einen Kamm. Ich werde Dir noch einmal genau sagen, was Du kaufen sollst: 1 Schere, ...

1. Variante / Alternative

Die Mutter von Heike sagt zu Heike: "Ich brauche Nähnadeln, einen Bleistift, einen Kochlöffel, Limonade, eine Zeitung und Äpfel." Sie sagt Heike ganz genau, was sie ihr bringen soll. Dann gibt sie Heike eine Tasche und Heike geht mit der Tasche zum Einkaufen.	Hier habe ich Sachen, die Du zum Einkaufen mitnehmen kannst: eine Einkaufstasche und Geld.

2. Variante / Alternative

Die Mutter von Peter sagt zu Peter auch: "Ich brauche Nähnadeln, einen Bleistift, einen Kochlöffel, Limonade, eine Zeitung und Äpfel. Hier habe ich Dir noch einmal ganz genau aufgemalt, was Du mir bringen sollst." Sie gibt Peter eine Tasche und den gemalten Einkaufszettel und Peter geht mit der Tasche und dem Einkaufszettel zum Einkaufen.	Hier habe ich nochmals Sachen die Du mitnehmen kannst zum Einkaufen: eine Einkaufstasche, einen Zettel, auf dem ganz genau aufgemalt ist, was Du kaufen sollst und auch eine Geldbörse.

Fragenschema

Item 6/14: Bild zeichnen - Labyrinth/Puzzle

Geschichte	Aufgabe
	- Situationsdarstellung -
Heike und Peter wollen der Mutter zum Geburtstag ein schönes Bild zeichnen. Sie wollen keine Kleckse machen und nicht schmieren. Immer wenn doch ein Klecks aufs Bild fällt, nehmen sie ein neues Blatt und zeichnen ein neues Bild.	Schau, hier habe ich eine Aufgabe für Dich. Diese Maus möchte unbedingt das Stückchen Käse haben. Da sind nun aber ganz viele Wege und nur ein Weg führt tatsächlich zum Käse. Die übrigen enden alle vor einer Wand. Du sollst nun gleich mit einem Stift den einzig richtigen Weg finden und einzeichnen. Zum Schluß soll man nur diesen einen richtigen Weg sehen und keine anderen falschen Wege oder Striche mehr. Ich habe hier zwei Stifte zum Zeichnen.

1. Variante / Alternative

Heike hat einen ganzen Block mit Zeichenblättern.	einen Filzstift

2. Variante / Alternative

Wieviele Blätter hat denn Peter? Peter hat nur zwei Blätter.	einen Bleistift und da ist auch ein Radiergummi dabei.

Fragenschema

Item 15: Puzzle (Aufgaben-Item)

- Situationsdarstellung: Schau, hier habe ich ein Puzzle, ein Pferd. Und hier sind Teile, aus denen Du das Pferd zusammensetzen kannst.
Damit das Bild nicht mehr auseinanderfällt, wenn Du es zusammengesetzt hast, kannst Du es

1. Alternative: hier auf diese klebrige Unterlage legen (zeigen). Die Puzzleteile kleben dann gleich fest und können dann nicht mehr auseinanderfallen.

2. Alternative: Du kannst das Pferd aber auch erst hier auf dem Tisch zusammensetzen und dann können wir hinterher eine solche Klebefolie (zeigen) darüberkleben, dann halten die Teile auch zusammen.

Fragenschema

Item 7/16: Auftrag des Großvaters - Bildkarten erinnern

Geschichte	Aufgabe
- Situationsdarstellung -	
Heike und Peter haben ihren Großvater besucht. Beim Abschied sagt er zu beiden: "Sagt dem Vater, er soll mir ein Buch vorbeibringen."	Schau, hier habe ich Karten mit Bildern, die ich Dir zeigen möchte. Und hier habe ich noch eine Schachtel mit Spielsachen, die Du Dir nachher ansehen kannst. Aber zuerst einmal möchte ich Dir die Karten zeigen. Hier habe ich einen Hampelmann, ein Auto, einen Fisch, eine Uhr und einen Teddybären. Schaue Dir die Karten gut an und präge Dir ein, merke Dir, was darauf ist, denn nachher sollst Du mir sagen können, was Du gesehen hast. Schau Dir alles an und wenn Du meinst, Du kannst es Dir merken, dann sage mir das, dann nehme ich die Karten weg.
1. Variante / Alternative	
Heike geht vom Großvater aus direkt nach Hause und wartet, bis am Abend der Vater nach Hause kommt.	Du kannst mir nun sofort sagen, was Du auf den Karten gesehen hast.
2. Variante / Alternative	
Peter geht zuerst noch zu einer Tante, für die er einkaufen gehen muß. Dann geht auch er nach Hause und wartet, bis der Vater kommt.	Du kannst aber auch zuerst die Spielsachen in der Schachtel anschauen und dann sagen, was auf den Karten ist.

Fragenschema

Item 8/17: Mosaik legen - Muster legen

        Geschichte   Aufgabe

              - Situationsdarstellung -

Geschichte	Aufgabe
Heike und Peter sind in der Schule. Sie sollen heute mit Mosaikbausteinen wie diesen hier (zeigen) ein Muster legen.	Schau, hier habe ich Bausteine, mit denen kannst Du ein Muster legen. (Versuchsleiter zeigt dies). Hier habe ich ein Muster für Dich aufgezeichnet.

1. Variante / Alternative

Heikes Lehrer zeichnet dieses Muster an die Tafel. Die Kinder sollen mit den Bausteinen das Muster nachlegen (nur Musterbild)	Einmal habe ich Dir das Muster so aufgezeichnet (nur Musterbild).

2. Variante / Alternative

Peters Lehrer zeichnet das gleiche Muster an die Tafel. Er zeichnet auch ein, wie die Bausteine liegen müssen, damit das Muster entsteht. (Musterbild mit Strichlinien). Die Kinder sollen nun auch das Muster legen.	Das andere Mal habe ich Dir das gleiche Muster so aufgezeichnet (Musterbild mit Grenzlinien für die Bausteine).

Fragenschema

II Tabellen

Tabelle 1: Geschichten- und Aufgaben-Items zur Erfassung des Erkennens und Verstehens unterschiedlicher kognitiver Anforderungen

Item-Nr.	Geschichten-Item	kognitiver Bereich	Material
Item 1	Liedlernen	Lernen	mit Bild
Item 2	Falten mit Papier	Problemlösen/ Wahrnehmen	mit Bild
Item 3	Sesamstraße	Lernen	mit Bild
Item 4	Einkaufen gehen	Erinnern	mit Bild
Item 5	Einkaufszettel	Erinnern	mit Bild
Item 6	Bild zeichnen	Problemlösen/ Wahrnehmen	mit Bild
Item 7	Auftrag des Opas	Erinnern	mit Bild
Item 8	Mosaik legen	Problemlösen/ Wahrnehmen	mit Bild

Item-Nr.	Aufgaben-Items	kognitiver Bereich	Material
Item 9	Clown anmalen	Lernen	Spielmat.
Item 10	Falten mit Papier	Problemlösen/ Wahrnehmen	Spielmat.
Item 11	Cassette anhören	Lernen	Tonbandger.
Item 12	Einkaufen gehen	Erinnern	Spielmat.
Item 13	Einkaufszettel	Erinnern	Spielmat.
Item 14	Labyrinth	Problemlösen/ Wahrnehmen	Spielmat.
Item 15	Puzzle legen	Problemlösen/ Wahrnehmen	Spielmat.
Item 16	Bildkarten erinnern	Erinnern	Spielmat.
Item 17	Muster legen	Problemlösen/ Wahrnehmen	Spielmat.

Tabelle 2: Stichprobengröße

Stichprobengröße

Alter in Jahren	Geschl.	Median (Mon.)	Range (Mon.)
4	Jungen 9	53.75	48-57
	Mädchen 7	55.oo	50-57
5	Jungen 8	65.00	61-71
	Mädchen 8	66.50	63-69
6	Jungen 7	78.75	72-83
	Mädchen 9	77.75	73-82
7	Jungen 9	89.00	85-95
	Mädchen 8	86.50	85-93

Tabelle 3: Relative Häufigkeit falscher (∅) und richtiger (1) Antworten und Begründungen auf die Fragen des Schemas bei Geschichten- und Aufgaben-Items

Geschichten-Items

		Gesamt	4 Jahre	5 Jahre	6 Jahre	7 Jahre	x^2-Test
U-Frage	∅	.36	.63	.41	.25	.15	$x^2=76.664$ df=3 $p \leq .000$
	1	.64	.37	.59	.75	.85	
P-Frage	∅	.43	.70	.53	.30	.19	$x^2=85.348$ df=3 $p \leq .000$
	1	.57	.30	.47	.70	.81	

Aufgaben-Items

		Gesamt	4 Jahre	5 Jahre	6 Jahre	7 Jahre	x^2-Test
W-Frage	∅	.47	.71	.61	.30	.26	$x^2=90.017$ df=3 $p \leq .000$
	1	.53	.29	.39	.70	.74	
U-Frage	∅	.34	.58	.36	.19	.21	$x^2=63.947$ df=3 $p \leq .000$
	1	.66	.42	.64	.81	.79	
P-Frage	∅	.37	.63	.46	.22	.17	$x^2=87.199$ df=3 $p \leq .000$
	1	.63	.37	.54	.78	.83	

Tabelle 4: Relative Häufigkeit falscher (∅) und optimaler Antworten und Begründungen (4) auf die Fragen des Schemas bei Geschichten- und Aufgaben-Items

Geschichten-Items

		Gesamt	4 Jahre	5 Jahre	6 Jahre	7 Jahre	x^2-Test
U-Frage	∅	.59	.86	.78	.39	.28	$x^2=80.929$ df=3 p≤.000
	4	.41	.14	.22	.61	.72	
P-Frage	∅	.60	.87	.76	.43	.29	$x^2.89.849$ df=3 p≤.000
	4	.40	.13	.24	.57	.71	

Aufgaben-Items

		Gesamt	4 Jahre	5 Jahre	6 Jahre	7 Jahre	x^2-Test
W-Frage	∅	.59	.80	.75	.41	.36	$x^2=72.596$ df=3 p≤.00
	4	.41	.20	.25	.59	.64	
U-Frage	∅	.50	.78	.58	.30	.32	$x^2=62.597$ df=3 p≤.000
	4	.50	.22	.42	.70	.68	
P-Frage	∅	.46	.72	.54	.30	.23	$x^2=74.842$ df=3 p≤.000
	4	.54	.28	.46	.70	.77	

Zur Berechnung aller x^2-Werte wurden die absoluten Häufigkeiten in den jeweiligen Zellen herangezogen. In den Tabellen selbst werden die an den Gruppengrößen relativierten Werte aufgeführt, anhand derer die bildliche Darstellung erfolgte.

Tabelle 5: Beantwortung der Schwierigkeitsfrage in Abhängigkeit der Antwort
auf die Unterschiedsfrage (relative Häufigkeiten)
(∅ = falsch; 1 = richtig)

Geschichten-Items: Alle Vpn, die die Unterschiedsfrage <u>falsch</u> haben

		Gesamt	4 Jahre	5 Jahre	6 Jahre	7 Jahre	x^2-Test
P1-Zuord- nung und Begründung	∅	.81	.85	.89	.75	.50	x^2=15.948 df=3 p≤.0012
	1	.19	.15	.11	.25	.50	

Geschichten-Items: Alle Vpn, die die Unterschiedsfrage <u>richtig</u> beantwortet
und begründet haben

		Gesamt	4 Jahre	5 Jahre	6 Jahre	7 Jahre	x^2-Test
P1-Zuord- nung und Begründung	∅	.22	.45	.28	.15	.14	x^2=23.599 df=3 p≤.000
	1	.78	.55	.72	.85	.86	

Aufgaben-Items: Alle Vpn, die die Unterschiedsfrage <u>falsch</u> haben

		Gesamt	4 Jahre	5 Jahre	6 Jahre	7 Jahre	x^2-Test
P1-Zuord- nung und Begründung	∅	.71	.82	.73	.61	.50	x^2=13.569 df=3 p≤.0036
	1	.29	.18	.27	.39	.50	

Aufgaben-Items: Alle Vpn, die die Unterschiedsfrage <u>richtig</u> beantwortet
und begründet haben

		Gesamt	4 Jahre	5 Jahre	6 Jahre	7 Jahre	x^2-Test
P1-Zuord- nung und Begründung	∅	.19	.37	.30	.13	.08	x^2=31.449 df=3 p≤.000
	1	.81	.63	.70	.87	.92	

Tabelle 6: Variablenausprägungen für die Unterschieds- und die Schwierigkeitsfrage in Abhängigkeit von der Itemart (relative Häufigkeiten)

Vpn, die die Unterschiedsfrage falsch beantworteten

	/	4 Jahre	5 Jahre	6 Jahre	7 Jahre	x^2-Test
Geschichten	/	.21	.14	.08	.05	x^2=2.840
Aufgaben	/	.22	.14	.07	.08	df=3 $p \leq$ .4169

Vpn, die die Unterschiedsfrage richtig beantworteten und begründeten

	/	4 Jahre	5 Jahre	6 Jahre	7 Jahre	x^2-Test
Geschichten	/	.07	.10	.13	.16	x^2=1.125
Aufgaben	/	.08	.13	.16	.17	df=3 $p \leq$ .7711

Vpn, die die Schwierigkeitsfrage falsch beantworteten

	/	4 Jahre	5 Jahre	6 Jahre	7 Jahre	x^2-Test
Geschichten	/	.20	.15	.09	.06	x^2=.438
Aufgaben	/	.21	.15	.07	.06	df=3 $p \leq$ .9324

Vpn, die die Schwierigkeitsfrage richtig beantworteten und begründeten

	/	4 Jahre	5 Jahre	6 Jahre	7 Jahre	x^2-Test
Geschichten	/	.06	.09	.13	.16	x^2=.683
Aufgaben	/	.08	.12	.17	.19	df=3 $p \leq$ .8771

Tabelle 7: Beantwortung der Unterschiedsfrage und der Entscheidungsfrage (bei Aufgaben-Items) in Abhängigkeit der Beantwortung der Schwierigkeitsfrage (relative Häufigkeiten)

Geschichten-Items: Alle Vpn, die die Schwierigkeitsfrage richtig beantworteten und begründeten

		Gesamt	4 Jahre	5 Jahre	6 Jahre	7 Jahre	x^2-Test
U-Frage und Begründung	0	.12	.32	.10	.09	.09	$x^2=15.636$ df=3 p≤.0013
	1	.88	.68	.90	.91	.91	

Aufgaben-Items: Alle Vpn, die die Schwierigkeitsfrage richtig beantworteten und begründeten

		Gesamt	4 Jahre	5 Jahre	6 Jahre	7 Jahre	x^2-Test
U-Frage und Begründung	0	.15	.28	.18	.10	.13	$x^2=10.733$ df=3 p≤.0133
	1	.85	.72	.82	.90	.87	

Aufgaben-Items: Alle Vpn, die die Schwierigkeitsfrage richtig beantworteten und begründeten

		Gesamt	4 Jahre	5 Jahre	6 Jahre	7 Jahre	x^2-Test
W-Frage und Begründg.	0	.27	.40	.44	.17	.20	$x^2=24.475$ df=3 p≤.0000
	1	.73	.60	.56	.83	.80	

Tabelle 8: Altersmedian und Range für die Stufen des Verstehens bei Geschichten- und Aufgaben-Items

Itemart	Alter	Stufen des Verstehens				Kruskal-Wallis
		I	III	IV	V	
Geschichten	Md(Monate)	57.33	60.80	70.55	79.88	$x^2=113.4o6$ $df=3$ $p \leq .000$
	Min-Max	48-93	48-85	48-95	51-95	
Aufgaben	Md(Monate)	55.35	61.50	71.63	78.15	$x^2=99.501$ $df=3$ $p \leq .000$
	Min-Max	48-95	48-93	51-95	48-95	

Tabelle 9: Altersmediane für die Stufen des Verstehens in den kognitiven Bereichen (Altersmedian und Range in Monaten)

Kogn.Bereich Geschichten	Stufen des Verstehens								Kruskal-Wallis
	I		II		III		IV		
	Md	Min-Max	Md	Min-Max	Md	Min-Max	Md	Min-Max	
Lernen	56.00	48-73	55.50	52-72	69.17	51-95	81.88	52-95	x^2=40.014 df=3 p≤.000
Erinnern	61.00	48-85	57.50	48-85	70.60	48-95	79.50	52-95	x^2=49.181 df=3 p≤.000
Probleml./ Wahrn.	57.50	48-83	64.00	52-81	70.83	48-95	78.83	51-95	x^2=29.469 df=3 p≤.000
Aufgaben									
S-Lernen	54.88	48-80	65.00	50-72	73.25	51-95	78.38	51-95	x^2=31.985 df=3 p≤.000
S-Erinnern	56.00	48-93	64.83	48-93	71.50	51-95	78.07	51-95	x^2=28.597 df=3 p≤.000
S-Probleml./ Wahrn.	55.50	50-95	55.33	48-85	71.00	52-95	78.11	48-95	x^2=42.399 df=3 p≤.000

Tabelle 10: Stufen des Verstehens (Median-Werte) über die kognitiven Bereiche und Kruskal-Wallis-Varianzanalyse bezüglich der Werte über das Alter

Kognit. Bereich / Alter	Lernen	Erinnern	Probleml./ Wahrnehmen	Selbst-Lernen	Selbst-Erinnern	Selbst-Probleml./ Wahrn.
Gesamt-stichprobe	4.27	4.10	4.29	4.30	4.44	4.69
4 Jahre	3.65	3.27	3.98	3.61	3.71	3.75
5 Jahre	3.97	3.83	4.02	4.07	4.30	4.56
6 Jahre	4.66	4.64	4.45	4.50	4.70	4.80
7 Jahre	4.73	4.62	4.68	4.69	4.65	4.88
Kruskal-Wallis	$x^2=33.139$ df=3 $p \leq .000$	$x^2=47.538$ df=3 $p \leq .000$	$x^2=24.943$ df=3 $p \leq .000$	$x^2=21.79$ df=3 $p \leq .000$	$x^2=22.84$ df=3 $p \leq .000$	$x^2=34.004$ df=3 $p \leq .000$

Tabelle 11: Analyse der Unterschiede in den Medianwerten der Variablen "Stufen des Verstehens" bei Geschichten- und Aufgaben-Items (Wilcoxon-Test, einseitig), sowie über das Alter (Kruskal-Wallis)

Alter	Medianwerte für Stufen des Verstehens		Wilcoxon-Test
	Geschichten-Items	Aufgaben-Items	
Gesamt-stichprobe	4.22	4.56	$p \leq .0025$*
4 Jahre	3.67	3.69	$p \leq .278$
5 Jahre	3.94	4.34	$p \leq .019^+$
6 Jahre	4.59	4.72	$p \leq .064$
7 Jahre	4.67	4.78	$p \leq .022^+$
Kruskal-Wallis	$x^2 = 102.319$ $df = 3$ $p \leq .000$	$x^2 = 75.964$ $df = 3$ $p \leq .000$	

Tabelle 12: Analyse der Unterschiede in den Stufen des Verstehens bei Geschichten- und Aufgaben-Items in den korrespondierenden kognitiven Bereichen innerhalb der Altersgruppen (Wilcoxon-Test, einseitig)

Kogn. Bereich	Altersgruppen			
	4 Jahre	5 Jahre	6 Jahre	7 Jahre
Geschichten vs. Aufgaben	$p \leq .273$	$p \leq .019^+$	$p \leq .064$	$p \leq .022^+$
Lernen vs. Selbst-Lernen	$p \leq .483$	$p \leq .203$	$p \leq .305$	$p \leq .376$
Erinnern vs. Selbst-Erinnern	$p \leq .077$	$p \leq .021^+$	$p \leq .264$	$p \leq .343$
Selbst-Probl./Wahrn. vs. Probl./Wahrn.	$p \leq .455$	$p \leq .288$	$p \leq .011$*	$p \leq .009$*

Tabelle 13: Analyse der Unterschiede in den Stufen des Verstehens über die kognitiven Bereiche innerhalb der Altersgruppen (Friedman-Einweg-Varianzanalyse).

Altersgruppe	Geschichten-Items	Aufgaben-Items
4 Jahre	$x^2=2.625$; df=2; p≤.269	$x^2=1.344$; df=2; p≤.511
5 Jahre	$x^2=.406$; df=2; p≤.816	$x^2=3.500$; df=2; p≤.174
6 Jahre	$x^2=1.969$; df=2; p≤.374	$x^2=8.656$; df=2; p≤.013*
7 Jahre	$x^2=.088$; df=2; p≤.957	$x^2=6.116$; df=2; p≤.047[+]

Tabelle 14: Durchschnittliche relative Häufigkeiten von Antworten mit (Ø) bzw. ohne (1) stufenweise Befragung für Erkennen und Verstehen kognitiver Anforderungen

kognitive Bereiche	Variablen-auspräg.	Altersgruppen				x^2-Test/ Kullbacks 2 I
		4 Jahre	5 Jahre	6 Jahre	7 Jahre	
Geschich-ten-Items	Ø	.98	.96	.83	.85	$x^2=25.861$ df=3 p≤.000
	1	.02	.04	.17	.15	
Aufgaben-Items	Ø	.92	.92	.82	.86	$x^2=10.755$ df=3 p≤.000
	1	.08	.08	.18	.14	
Lernen	Ø	1.00	1.00	.84	.91	2I=9.309 df=3 p≤.025
	1	.00	.00	.16	.09	
Erinnern	Ø	.98	.98	.79	.84	2I=12.069 df=3 p≤.001
	1	.02	.02	.21	.16	
Probleml./ Wahrnehmen	Ø	.96	.92	.85	.80	2I=6.975 df=3 p≤.05
	1	.04	.08	.15	.20	
Selbst-Lernen	Ø	1.00	1.00	.97	.97	2I=2.07 df=3 p≤.50
	1	.00	.00	.03	.03	
Selbst-Erinnern	Ø	.96	.94	.81	.88	2I=78.963 df=3 p≤.000
	1	.04	.06	.19	.12	
Selbst-Probleml./ Wahrnehm.	Ø	.86	.88	.75	.79	$x^2=4.401$ df=3 p≤.2212
	1	.14	.12	.25	.21	

Tabelle 15: Durchschnittliche relative Häufigkeiten für Erkennen und Verstehen mit (Ø) bzw. ohne (1) stufenweise Befragung in den kognitiven Bereichen über die Altersgruppen

kognitive Bereiche	Variablenausprägung	Altersgruppen				x^2-Test/ Kullbacks 2 I
		4 Jahre	5 Jahre	6 Jahre	7 Jahre	
Lernen	Ø	.25	.25	.20	.24	2I=9.309 df=3 p≤.0224[+]
	1	.0	.0	.04	.02	
Erinnern	Ø	.24	.24	.20	.22	2I=16.069 df=3 p≤.001*
	1	.01	.01	.05	.04	
Probleml./ Wahrnehmen	Ø	.24	.23	.21	.21	2I=6.975 df=3 p≤.05[+]
	1	.01	.02	.04	.05	
Selbst-Lernen	Ø	.25	.25	.24	.25	2I=2.07 df=3 p≤.50
	1	.0	.0	.08	.08	
Selbst-Erinnern	Ø	.24	.23	.20	.23	2I=78.963 df=3 p≤.000
	1	.01	.02	.05	.03	
Selbst-Probleml./ Wahrnehmen	Ø	.21	.22	.19	.21	x^2=4.401 df=3 p≤.2212
	1	.04	.03	.06	.05	

Tabelle 16: Durchschnittliche relative Häufigkeiten für Erkennen und Verstehen mit Hilfe von stufenweiser Befragung bei Geschichten- und Aufgaben-Items und für Erkennen und Verstehen ohne stufenweise Befragung bei Geschichten- und Aufgaben-Items

a) Erkennen und Verstehen mit Hilfe von stufenweiser Befragung

Itemart	Altersgruppen				x^2-Test
	4 Jahre	5 Jahre	6 Jahre	7 Jahre	
Geschichten	.13	.12	.11	.12	$x^2=.2094$ df=3 p$\leq$.9761
Aufgaben	.135	.135	.12	.13	

b) Erkennen und Verstehen ohne stufenweise Befragung

Itemart	Altersgruppen				x^2-Test
	4 Jahre	5 Jahre	6 Jahre	7 Jahre	
Geschichten	.02	.04	.18	.18	$x^2=4.5573$ df=3 p$\leq$.2072
Aufgaben	.09	.09	.22	.18	

Tabelle 17: Durchschnittliche relative Häufigkeiten für selbständiges, "optimales Erkennen und Verstehen" (∅ = stufenweise Befragung erforderlich; 1 = ohne stufenweise Befragung) bei Geschichten- und Aufgaben-Items

Stichprobe	Variablen-ausprägung	Geschichten-Items	Aufgaben-Items	x^2-Test	Wilcoxon (einseitig)
Gesamt	∅	.42	.48	$x^2 = .927$ $df=1$ $p \leq .3356$	$p \leq .106$
	1	.04	.06		
4 Jahre	∅	.46	.49	$x^2 = 2.8828$ $df=1$ $p \leq .0895$	$p \leq .0615$
	1	.01	.04		
5 Jahre	∅	.45	.49	$x^2 = 1.0978$ $df=1$ $p \leq .2948$	$p \leq .147$
	1	.02	.04		
6 Jahre	∅	.39	.43	$x^2 = .001$ $df=1$ $p \leq .9776$	$p \leq .297$
	1	.08	.10		
7 Jahre	∅	.40	.46	$x^2 = .061$ $df=1$ $p \leq .8058$	$p \leq .389$
	1	.07	.07		

Tabelle 18: Durchschnittliche relative Häufigkeiten für selbständiges, "optimales Erkennen und Verstehen" innerhalb der Altersgruppen über die kognitiven Bereiche bei Geschichten- und Aufgaben-Items

Alters-gruppe	Variablen-ausprägung	Geschichten kognitive Bereiche			x^2-Test/ Kullbacks 2 I
		Lernen	Erinnern	Probleml./ Wahrnehmen	
4 Jahre	∅	.25	.37	.36	2 I = 1.355 df=2 p ≤ .50
	1	.0	.0	.02	
5 Jahre	∅	.25	.37	.34	2 I = 4.974 df=2 p ≤ .10
	1	.0	.08	.03	
6 Jahre	∅	.21	.30	.32	x^2 = 0.732 df=2 p ≤ .694
	1	.04	.08	.06	
7 Jahre	∅	.23	.32	.30	x^2 = 1.821 df=2 p ≤ .402
	1	.02	.06	.07	

Alters-gruppe	Variablen-ausprägung	Aufgaben kognitive Bereiche			x^2-Test/ Kullbacks 2 I
		Lernen	Erinnern	Probleml./ Wahrnehmen	
4 Jahre	∅	.22	.32	.38	2 I = 12.222 df=2 p ≤ .01*
	1	.0	.01	.06	
5 Jahre	∅	.22	.31	.39	2 I = 7.049 df=2 p ≤ .05+
	1	.0	.02	.06	
6 Jahre	∅	.22	.27	.33	x^2 = 6.923 df=2 p ≤ .0314+
	1	.01	.06	.11	
7 Jahre	∅	.22	.29	.35	x^2 = 6.209 df=2 p ≤ .045+
	1	.01	.04	.09	

Tabelle 19: Analyse der Unterschiede in den Werten der Variablen selbständiges "optimales Erkennen und Verstehen" bei Geschichten- und Aufgaben-Items sowie bei korrespondierenden kognitiven Bereichen (Wilcoxon, einseitige Testung).

Bereiche	Gesamt	Stichprobe 4 Jahre	5 Jahre	6 Jahre	7 Jahre
Geschichten vs. Aufgaben	$p \leq .106$	$p \leq .061$	$p \leq .147$	$p \leq .297$	$p \leq .389$
Lernen vs. Selbst-Lernen	$p \leq .176$	$p \leq 1.000$	$p \leq .158$	$p \leq .054^+$	$p \leq .211$
Erinnern vs. Selbst-Erinnern	$p \leq .385$	$p \leq .394$	$p \leq .250$	$p \leq .339$	$p \leq .171$
Probleml./Wahrnehmen vs. Selbst-Probleml./Wahrnehmen	$p \leq .056$	$p \leq .045^+$	$p \leq .446$	$p \leq .124$	$p \leq .403$

Tabelle 20: Durchschnittliche relative Häufigkeiten für das Erreichen der Stufen IV/V mit bzw. ohne stufenweise Befragung innerhalb der Altersgruppen bei Geschichten- und Aufgaben-Items

Geschichten-Items

Stufen IV/V	Altersgruppen 4 Jahre	5 Jahre	6 Jahre	7 Jahre	x^2-Test
generell	.57	.71	.89	.95	
mit stufenweiser Befragung	.55	.67	.72	.80	$x^2 = 15.186$ df=3 $p \leq .0017$
ohne stufenweise Befragung	.02	.04	.17	.15	

Aufgaben-Items

Stufen IV/V	Altersgruppen 4 Jahre	5 Jahre	6 Jahre	7 Jahre	x^2-Test
generell	.55	.75	.90	.94	
mit stufenweiser Befragung	.47	.67	.72	.80	$x^2 = 4.712$ df=3 $p \leq .1941$
ohne stufenweise Befragung	.08	.08	.18	.14	

Tabelle 21: Durchschnittliche relative Häufigkeiten für das Erreichen der Stufen IV/V mit bzw. ohne stufenweise Befragung innerhalb der Gesamtstichprobe und der Altersgruppen

Stichprobe	Itemart	Stufen IV/V mit Befragung	Stufen IV/V ohne Befragung	x^2-Test
Gesamt	Geschichten	88%	12%	$x^2=.959$ df=1 p≤.3274
	Aufgaben	85%	15%	
4 Jahre	Geschichten	96%	4%	$x^2=3.367$ df=1 p≤.06
	Aufgaben	86%	14%	
5 Jahre	Geschichten	95%	5%	$x^2=.9037$ df=1 p≤.3418
	Aufgaben	90%	10%	
6 Jahre	Geschichten	81%	19%	$x^2=.00004$ df=1 p≤.9952
	Aufgaben	80%	20%	
7 Jahre	Geschichten	84%	16%	$x^2=.037$ df=1 p≤.8474
	Aufgaben	85%	15%	

Tabelle 22: Durchschnittliche relative Häufigkeiten für das Erreichen der Stufen IV/V mit bzw. ohne stufenweise Befragung innerhalb der kognitiven Bereiche für die Altersgruppen

Bereiche	Stufen IV/V	4 Jahre	5 Jahre	6 Jahre	7 Jahre	x^2-Test/ Kullbacks 2I
Lernen	generell	.57	.75	.90	1.00	
	mit stufenw. Befragung	.57	.75	.74	.91	2I=80.393 df=3 $p \leq .000$
	ohne stufenw. Befragung	.0	.0	.16	.09	
Erinnern	generell	.44	.65	.88	.89	
	mit stufenw. Befragung	.42	.63	.67	.73	2I=9.422 df=3 $p \leq .025$
	ohne stufenw. Befragung	.02	.02	.21	.16	
Probleml./ Wahrnehmen	generell	.71	.75	.90	1.00	
	mit stufenw. Befragung	.67	.67	.75	.80	x^2=3.623 df=3 $p \leq .3052$
	ohne stufenw. Befragung	.04	.08	.15	.20	
Selbst-Lernen	generell	.53	.75	.91	1.00	
	mit stufenw. Befragung	.53	.75	.88	.97	2I=2.043 df=3 $p \leq .70$
	ohne stufenw. Befragung	.0	.0	.03	.03	
Selbst-Erinnern	generell	.56	.75	.88	.92	
	mit stufenw. Befragung	.52	.69	.69	.80	2I=12.974 df=3 $p \leq .01$
	ohne stufenw. Befragung	.04	.06	.19	.12	
Selbst-Probleml./ Wahrnehmen	generell	.54	.75	.91	.93	
	mit stufenw. Befragung	.39	.62	.66	.72	x^2=.099 df=3 $p \leq .569$
	ohne stufenw. Befragung	.15	.13	.25	.21	

Tabelle 23: Median für die Stufen des Verstehens in der 1. und 2. Hälfte der Geschichten-Items

Stichprobe	Md.-1. Hälfte	Md.-2. Hälfte	Wilcoxon (2-seitig)
Gesamt	4.21	4.23	p≤.503
4 Jahre	3.36	3.83	p≤.315
5 Jahre	3.88	4.00	p≤.636
6 Jahre	4.64	4.53	p≤.919
7 Jahre	4.71	4.63	p≤.799

Tabelle 24: Durchschnittliche relative Häufigkeiten für optimales Erkennen und Verstehen bei 1. und 2. Hälfte der Geschichten-Items

Stichprobe	$\bar{x}$ rel.Häufigk. 1.Hälfte	$\bar{x}$ rel.Häufigk. 2.Hälfte	Wilcoxon (2-seitig)
gesamt	.04	.15	p≤.000
4 Jahre	.00	.05	p≤.109
5 Jahre	.00	.08	p≤.109
6 Jahre	.11	.23	p≤.028
7 Jahre	.06	.25	p≤.028

Tabelle 25: Durchschnittliche relative Häufigkeiten für Erkennen und Verstehen auf den Stufen IV/V mit vs ohne stufenweise Befragung in der 1. und 2. Hälfte der Item-Vorgabe

Item-Art	Stichprobe	1. Hälfte	2. Hälfte	Wilcoxon (2-seitig)
Geschichten	gesamt	.06	.18	p≤.000
	4 Jahre	.0	.07	p≤.109
	5 Jahre	.0	.10	p≤.109
	6 Jahre	.13	.25	p≤.028
	7 Jahre	.06	.26	p≤.028

Tabelle 26: Mediane für die Stufen des Verstehens in der 1. und 2. Hälfte der Aufgaben-Items

Stichprobe	Md.-1. Hälfte	Md.-2.Hälfte	Wilcoxon (2-seitig)
Gesamt	4.29	4.68	$p \leq .003$
4 Jahre	3.54	3.81	$p \leq .213$
5 Jahre	4.08	4.59	$p \leq .433$
6 Jahre	4.50	4.83	$p \leq .024$
7 Jahre	4.67	4.85	$p \leq .066$

Tabelle 27: Durchschnittliche relative Häufigkeiten für "optimales Erkennen und Verstehen" bei 1. und 2. Hälfte der Aufgaben-Items

Stichprobe	$\bar{x}$ rel.Häufigk. 1. Hälfte	$\bar{x}$ rel.Häufigk. 2. Hälfte	Wilcoxon (2-seitig)
gesamt	.07	.16	$p \leq .001$
4 Jahre	.06	.09	$p \leq .753$
5 Jahre	.05	.10	$p \leq .063$
6 Jahre	.05	.29	$p \leq .005$
7 Jahre	.10	.17	$p \leq .239$

Tabelle 28: Durchschnittliche relative Häufigkeiten für Erkennen und Verstehen auf den Stufen IV/V mit vs. ohne stufenweise Befragung in der 1. und 2. Hälfte der Aufgaben-Items

Item-Art	Stichprobe	1.Hälfte	2.Hälfte	Wilcoxon (2-seitig)
Aufgaben	gesamt	.09	.20	$p \leq .002$
	4 Jahre	.13	.16	$p \leq .753$
	5 Jahre	.06	.13	$p \leq .272$
	6 Jahre	.06	.31	$p \leq .005$
	7 Jahre	.11	.17	$p \leq .224$

Tabelle 29: Medianwerte für Stufen des Verstehens für die Items

Itemform	Itembereich	Item-Nr.	Gesamtstichpr.	4 Jahre	5 Jahre	6 Jahre	7 Jahre
Geschichten	Lernen	1	4.03	3.61	3.83	4.38	4.35
		3	4.67	3.75	4.33	4.83	4.93
	Erinnern	4	3.72	2.83	3.70	4.30	4.56
		5	4.26	3.80	3.94	4.77	4.65
		7	4.13	3.50	3.75	4.70	4.65
	Problemlösen/ Wahrnehmen	2	4.47	4.00	3.67	4.77	4.79
		6	4.29	4.10	4.21	4.30	4.56
		8	4.23	3.79	4.13	4.28	4.65
Aufgaben	Selbst-Lernen	9	4.02	3.63	3.96	4.08	4.35
		11	4.74	3.50	4.61	4.89	4.89
	Selbst-Erinnern	12	3.92	2.83	4.00	4.21	4.06
		13	4.60	4.17	4.61	4.83	4.56
		16	4.78	3.83	4.77	4.83	4.97
	Selbst-Problemlösen / Wahrnehmen	10	4.73	4.61	4.50	4.70	4.93
		14	4.84	4.00	4.83	4.97	4.93
		15	4.54	3.25	3.90	4.77	4.89
		17	4.52	3.50	4.17	4.70	4.73

Tabelle 30: Anordnung der Items gemäß ihres Schwierigkeitsgrades allgemein und über die Altersgruppen (jeweils 3 Rangplätze)

Schwie-rigkeit	Gesamt	4 Jahre	5 Jahre	6 Jahre	7 Jahre
hoch	Einkaufen rem.-recall	Einkaufen rem.-recall	Papierhut falten	Clown anmalen	Einkaufen rem.-recall
	Einkaufen rem.-recall	Einkaufen rem.-recall	Einkaufen rem.-recall	Einkaufen rem.-recall	Clown anmalen
	Clown anmalen	Puzzle legen	Auftrag d.Opas	Mosaik legen	Liedlernen
nied-rig	Labyrinth	Papierbecher falten	Labyrinth	Labyrinth	Bildkarten erinnern
	Bildkarten erinnern	viel-wenig Papier	Bildkarten erinnern	Cassette anhören	Labyrinth
	Cassette anhören	Labyrinth	Cassette anhören	Bildkarten erinnern	Papierbecher falten

_ _ _ _ _ _ _ Geschichten-Items

_____ Aufgaben-Items

Tabelle 31: Antwortmittelwerte, Antwortmediane, Streuungen, Trennschärfe-Koeffizienten der Items bezogen auf Itemgesamtgruppen (Geschichten-Aufgaben) sowie Itembereiche; Item-Nummern gemäß Tab.1,Werte bezogen auf die Variable "Stufen des Verstehens"

Itembereiche	Nr.	$\bar{x}_i$	s_i	$r_{it\ ges.}$	$r_{it\ Bereich}$	Median
Lernen	1	3.92	.85	.63	.56	4.03
	3	4.26	1.09	.72	.56	4.67
Erinnern	4	3.65	1.14	.41	.33	3.72
	5	4.17	.86	.68	.50	4.26
	7	3.92	1.08	.61	.46	4.13
Problemlösen/ Wahrnehmen	2	4.08	1.11	.61	.47	4.47
	6	4.26	.73	.48	.39	4.29
	8	4.11	.92	.71	.67	4.23
Selbst-Lernen	9	3.91	.86	.78	.60	4.02
	11	4.28	1.14	.78	.60	4.74
Selbst-Erinnern	12	3.77	.98	.43	.46	3.92
	13	4.40	.81	.70	.54	4.60
	16	4.31	1.16	.63	.54	4.78
Selbst-Problemlösen/ Wahrnehmen	10	4.22	1.17	.60	.51	4.73
	14	4.49	.97	.68	.62	4.84
	15	4.05	1.19	.59	.60	4.54
	17	4.25	.94	.71	.69	4.52

Tabelle 32: Inter-Item-Korrelationen unter Berücksichtigung der Variablen "Stufen des Verstehens" für die Items der kognitiven Bereiche Lernen, Erinnern, Problemlösen/Wahrnehmen

a) Geschichten-Items (J 1 - J 8)

	Lernen		Erinnern			Problemlösen/Wahrnehmen		
	J 1	J 3	J 4	J 5	J 7	J 2	J 6	J 8
J 1	1.00							
J 3	.58	1.00						
J 4	.29	.36	1.00					
J 5	.55	.63	.30	1.00				
J 7	.38	.53	.27	.50	1.00			
J 2	.52	.49	.32	.47	.49	1.00		
J 6	.38	.50	.21	.37	.34	.22	1.00	
J 8	.47	.53	.38	.57	.53	.56	.49	1.00

b) Aufgaben-Items (J 9 - J 17)

	Selbst-Lernen		Selbst-Erinnern			Selbst-Problemlösen/Wahrnehmen		
	J 9	J11	J12	J13	J16	J1o	J14	J15	J17
J 9	1.00								
J11	.60	1.00							
J12	.33	.48	1.00						
J13	.66	.56	.40	1.00					
J16	.58	.56	.41	.50	1.00				
J10	.53	.67	.19	.51	.40	1.00			
J14	.62	.56	.36	.53	.43	.38	1.00		
J15	.57	.46	.22	.42	.42	.40	.55	1.00	
J17	.69	.62	.25	.57	.45	.51	.59	.54	1.00

Tabelle 33: Innere Konsistenz (Cronbachs Alpha) der Items bzw. Itembereiche bezogen auf die Gesamtstichprobe

	Cronbachs Alpha
Geschichten-Items J 1 - J 8	.86
Aufgaben-Items J 9 - J 17	.90
Lernen J 1, J 3	.72
Erinnern J 4, J 5, J 7	.63
Problemlösen/ Wahrnehmen J2, J 6, J 8	.69
Selbst-Lernen J 9, J 11	.75
Selbst-Erinnern J 12, J 13, J 16	.70
Selbst Problemlösen/Wahrnehmen J 10, J 14, J 15, J 17	.80

Tabelle 34: Korrelationen (Kendall) der Medianwerte der Variablen "Stufen des Verstehens" in den Geschichten- und Aufgaben-Items generell sowie in den Bereichen für die Gesamtstichprobe und die Altersgruppen

	Median-Geschichten mit Median-Aufgaben	Median-Lernen mit Median-SLernen	Median-Erinnern mit Median-SErinnern	Median-Probleml./Wahrn. mit Median-SProbl./W.
Gesamtstichprobe	.63	.47	.47	.58
4 Jahre	.67	.41	.58	.49
5 Jahre	.58	.29	.39	.81
6 Jahre	.30	.26	.18	.09
7 Jahre	.52	.44	.38	.44

Tabelle 35: Korrelationen korrespondierender Items (Kendalls Tau)
bezogen auf die Gesamtstichprobe (a) und innerhalb der
Altersgruppen (b); Signifikanzniveau: 1% (*), 5% (+), 10%(-)

(a) Gesamtstichprobe

		Selbst-Lernen		Selbst-Erinnern			Selbst-Probleml./Wahrn.			
		J 9	J11	J12	J13	J16	J10	J14	J15	J17
Lernen	J 1	.57*	.49*	.33*	.40*	.45*	.37*	.44*	.49*	.41*
	J 3	.33*	.42*	.27*	.28*	.60*	.38*	.31*	.48*	.37*
Erinnern	J 4	.36*	.39*	.26*	.19$^+$	.42	.26*	.27*	.32*	.19$^+$
	J 5	.39*	.39*	.42*	.29*	.34*	.34*	.27*	.45*	.32*
	J 7	.34*	.47*	.38*	.34*	.29*	.49	.20$^+$	.30*	.21$^+$
Problem-lösen/Wahr-nehmen	J 2	.42*	.47*	.10	.27*	.28*	.57*	.31*	.32*	.41*
	J 6	.42*	.27*	.21*	.39*	.47*	.31*	.26*	.36*	.34*
	J 8	.35*	.56*	.46*	.36*	.51*	.44*	.37*	.38*	.44*

Tabelle 35 Fortsetzung

(b) Altersgruppen

Altersgruppe 4 Jahre

		Selbst-Lernen		Selbst-Erinnern			Selbst-Probleml./Wahrn.			
		J 9	J 11	J12	J13	J16	J10	J14	J15	J17
Lernen	J1	.36⁻	.54*	.24	.38⁺	.48⁺	.54*	.20	.06	.41⁺
	J3	.11⁻	.53*	.59*	.41⁺	.68*	.31⁻	-.02	-.19	.09
Erinnern	J4	.13	.04	.01	.15	.13	.17	.32⁻	.35⁻	.16
	J5	.18	.23	.57*	.24	.30⁻	.14	.11	-.01	.18
	J7	.20	.52*	.63*	.58*	.31⁻	.37⁺	.04	-.02	.23
Problem-lösen	J2	.57*	.62*	.30⁻	.51*	.30⁻	.75*	.31⁻	.21	.65*
	J6	.32⁻	.41⁺	.39⁺	.46⁺	.56*	.26	.11	.12	.04
	J8	.23	.59*	.65*	.36⁺	.52*	.42⁺	.47⁺	.21	.47⁺

Altersgruppe 5 Jahre

		Selbst-Lernen		Selbst-Erinnern			Selbst-Probleml./Wahrn.			
		J 9	J 11	J12	J13	J16	J10	J14	J15	J17
Lernen	J1	.64*	.45⁺	.40⁺	.46⁺	.46⁺	.35⁻	.35⁻	.27	.38⁺
	J3	.24	.33⁻	.07	.19	.51*	.48⁺	.38⁺	.79*	.41⁺
Erinnern	J4	.34⁻	.60*	.27	.15	.32⁻	.39⁺	.01	.11	.37⁺
	J5	.33⁻	.35⁻	.14	.21	.50⁺	.45⁺	-.02	.43⁺	.23
	J7	.30⁻	.02	.48⁺	.12	.31⁺	.33⁻	.06	.20	-.05
Problem-lösen/ Wahrnehmen	J2	.31⁻	.34⁻	.07	.31⁻	.33⁻	.47⁺	.22	.60*	.29⁻
	J6	.76*	.39⁺	.20	.64*	.48⁺	.57*	.53*	.48⁺	.50*
	J8	.43⁺	.67*	.39⁺	.60*	.63*	.60*	.31⁻	.39⁺	.72*

Tabelle 35 Fortsetzung

(b) Altersgruppen

Altersgruppe 6 Jahre

		Selbst-Lernen		Selbst-Erinnern			Selbst-Probleml./Wahrn.			
		J9	J11	J12	J13	J16	J10	J14	J15	J17
Lernen	J1	.40⁺	.22	.14	.31	.35⁻	.07	.50⁺	.66*	.00
	J3	.42⁺	.13	.12	.02	.62*	.36⁻	.46⁺	.57*	.21
Erinnern	J4	.38⁺	.32⁻	.08	-.03	.62*	.43⁺	.36⁻	.20	.06
	J5	.15	.04	.22	.23	-.06	.29	.38⁻	.44⁺	.03
	J7	.47⁺	.45⁺	.26	.16	.18	.71*	.40⁺	.11	-.05
Probleml./Wahrnehmen	J2	.39⁺	.41⁺	-.17	.13	.21	.46⁺	.35⁻	-.10	.07
	J6	.05	-.26	.17	-.15	.43⁺	.06	.20	.25	.07
	J8	.07	.49⁺	.42⁺	.09	.07	.45⁺	.16	.17	.00

Altersgruppe 7 Jahre

		Selbst-Lernen		Selbst-Erinnern			Selbst-Probleml./Wahrn.			
		J9	J11	J12	J13	J16	J10	J14	J15	J17
Lernen	J1	.51⁺	.39⁻	.23	.31	-.30	.30	.30	.38⁻	.37⁻
	J3	-.07	-.17	-.45⁺	.39⁻	-.10	-.13	-.13	.33⁻	.49⁺
Erinnern	J4	.10	-.10	.15	.19	.13	-.30⁻	-.04	.22	-.28
	J5	.46⁺	.55*	.39⁺	.17	-.21	.43⁺	.04	.27	.38⁻
	J7	-.04	.53*	.05	.34⁻	-.20	.48⁺	-.28	.19	.14
Probleml./Wahrn.	J2	.02	.38⁻	.03	-.09	-.16	.56*	.14	-.29	.06
	J6	.31⁻	.18	.08	.29	.27	.04	-.34⁻	.21	.78*
	J8	.21	.24	.22	.17	.30	.09	.04	.27	.38⁻

Tabelle 36: Korrelationen korrespondierender Items
Signifikanzniveau: 1% (*), 5% (+), 10% (-)

Bereich	Korresp. Items	Gesamt-stichpr.	4 Jahre	5 Jahre	6 Jahre	7 Jahre
Lernen	1/9	.57*	.36$^-$	.64*	.40$^+$	.51$^+$
	3/11	.42*	.53*	.33$^-$	.13	-.17
Erinnern	4/12	.26*	.01	.27	.08	.15
	5/13	.29*	.24	.21	.23	.17
	7/16	.29*	.31$^-$	.31$^+$	.18	-.20
Problemlösen/ Wahrnehmen	2/10	.57*	.75*	.47$^+$	.46$^+$	.56*
	6/14	.26*	.11	.53*	.20	-.34$^-$
	6/15	.36*	.12	.48$^+$	.25	.21
	8/17	.44*	.47$^+$	.72*	.00	.38$^-$

Tabelle 37: Rangplätze korrespondierender Items gemäß ihrer Korrelation für die Altersgruppen

Platz		4 Jahre	5 Jahre	6 Jahre	7 Jahre
1	Probleml./W.	2/10	8/17	2/10	2/10
2	Lernen	3/11	1/9	1/9	1/9
3		8/17	6/14	6/15	8/17
4		1/9	6/15	5/13	6/14
5		7/16	2/10	6/14	6/15
6	Erinnern	5/13	3/11	7/16	7/16
7		6/15	7/16	3/11	3/11 5/13
8		6/14	4/12	4/12	4/12
9		4/12	5/13	8/17	4/12

Problemlösen/Wahrnehmen:	1.Stelle bei 4-,5-,6- & 7jährigen 2/10 (3x) 8/17 (1x)
Lernen	: 2.Stelle -"- 1/9 (3x) 3/11 (1x)

Problemlösen/ Wahrnehmen	: 3.Stelle für 6/15/14 und 8/17
Erinnern	: 6.Stelle für 5/13 (1x), 7/16 (2x)